Edith Lampl · Nieves Čavić-Podgornik · Zoja Solonina · Zeichnungen: Julya Rabinowich

Russisch 1. Band

für Anfänger

(die es schnell lernen wollen)

Lehrbuch und Hörbuch

Niveau bis B1

VERLAG BERGER

Unser Material für Anfänger besteht aus den Teilen:

Lehrbuch, Hörbuch, Arbeitsbuch, Schlüssel zum Arbeitsbuch, Ausspracheübungen und Didaktisches Handbuch.

Lehrbuch

Zum Aufbau der einzelnen Lektionen:

Dialog- und Textteil:

- Das Thema der Lektion wird mit **Zeichnungen, Mustersätzen** und **kurzen Dialogen** eingeführt. Neue **Vokabeln** mit deutscher Übersetzung stehen in derselben Zeile rechts
- **Impulswörter** stehen kursiv nach Dialogen, sie regen zu selbständiger Sprachproduktion an.
- **Längere Dialoge** in natürlichem, authentischem Russisch, behandeln verschiedene Aspekte des Themas. **Monologische Texte** bieten Einblick in die aktuelle Lebenswelt der Menschen in Russland. Ihr Informations- und Unterhaltungswert ist für den Lernerfolg von großer Bedeutung.
- **Hörübungen** sind Audiofiles, zu denen es im Buch keinen Text, sondern lediglich Vokabel und Fragen gibt. Die Hörübungen werden durch Zeichnungen unterstützt. Hörverständnis und korrektes Schreiben nach dem Gehör werden trainiert.
- **Literatur** – Gedichte namhafter Autoren mit Bild und Lebensdaten des jeweiligen Autors.
- Alle Mustersätze, Impulswörter, Dialoge und Texte stehen im **Hörbuch** zur Verfügung, Ikons markieren den Anfang von Audiofiles
- Auf **Testformate** im Arbeitsbuch verweisen die Ikons

Vokabel-, Phonetik- und Grammatikteil:

Mustersätze der jeweiligen Lektion mit Übersetzung in zwei Spalten zum handlichen Lernen. **Präpositionen** mit typischen Wortverbindungen. **Verbkästchen**, grün unterlegt, die alle notwendigen Formen enthalten. **Vokabelliste**, im grünen Raster, nach Wichtigkeit geordnet: oben links die Verben, oben rechts das „Kleinzeug", das man sich schwer merkt, unten die Adjektiva und Substantiva.

Anhang:

Alphabet, Phonetik, Intonation, Grammatik
Wörterbuch russisch/deutsch, deutsch/russisch.

Arbeitsbuch

Übungstypen:

- **Testformate:** Multiple-choice-Übungen, Beantwortung von Fragen, Lückentests mit und ohne Schüttelkasten, Richtig/Falsch (mit Begründung), Zuordnen
- **Impulsfragen:** regen zu natürlicher Unterhaltung an, ergänzende Vokabel und Grammatik erleichtern individuelle Aussagen.
- **Ergänzungsübungen:** trainieren die Fähigkeit, Mikrokontexte ganzheitlich zu erfassen. Sie festigen lexikalische und grammatikalische Strukturen.
- **Übersetzungsübungen:** trainieren das Switchen von einer Sprache in die andere. Der Schlüssel ermöglicht autonomes Lernen.
- **Gesprächsaufgaben:** Vorgegeben sind Thema, Gesprächspartner und Situation.
- **Schreibaufträge:** sind mit dem Ikon markiert, sie trainieren verschiedene Textsorten: Einladungen, Kommentare, Briefe / E-Mails, Facebook-Postings, Blogs, Berichte, Kritik, Web-Sites. Vorgegeben sind Kontext, Zweck und Adressat.
- **Wiederholungsübungen:** Zur Vertiefung nach jeder zweiten Lektion .
- **Wörterbuch** russisch/deutsch, deutsch/russisch.

Schlüssel zum Arbeitsbuch

Ergänzend zum Arbeitsbuch enthält der Schlüssel sowohl Lösungen der Lückentexte und Übersetzungsübungen als auch die Transkriptionen der Hörübungen aus dem Lehrbuch.

Ausspracheübungen

Kontrastiv zum Deutschen werden Laute und Intonation des Russischen erklärt und eingeübt. Die Audiofiles zu den Ausspracheübungen haben Pausen zum Nachsprechen.

Didaktisches Handbuch

Erklärungen zur Methode, zur Entwicklung sprachlicher Kompetenzen, zur Vermittlung der Grammatik. Handreichungen zu den einzelnen Lektionen, Transkription der Hörübungen.

0 Gebrauchsanweisung

Einsprachigkeit ist heilbar!

Hallo!
Es freut uns, dass du Russisch lernen willst! Und damit es dir auch gelingt und du deinen Spaß dabei hast, haben wir ein paar heiße Tips für dich, wie du es machen sollst:

1. **Schau dir das Buch an.** Auf der Innenseite des Umschlages steht, wie du dir das Hörbuch herunterladen kannst. Dann gibt es 12 Lektionen mit Zeichnungen, Mustersätzen, Dialogen, Lesetexten, Hörübungen und Vokabel-, Phonetik- und Grammatikseiten. Der Anhang enthält Überblicke über Phonetik, Intonation und Grammatik. Außerdem noch die Vokabelliste als Wörterbuch.

2. **Lade dir das Hörbuch herunter**. Im Lehrbuch zeigt dir der kleine Elefant, wo du einen Dialog oder einen Text im Hörbuch findest. In den Audiofiles sind alle Dialoge, Impulswörter und Texte zu hören, die im Lehrbuch gedruckt sind. Du kannst entweder eine ganze Lektion durchhören oder so, dass sie in kleine Stücke aufgeteilt ist.

00_Vorwort

3. **Hör dir das Vorwort an.** Da werden dir die Sprecherinnen und Sprecher vorgestellt, auf russisch und auf deutsch. Die Fotos dazu findest du im Buch auf der hinteren Umschlagseite innen.
4. **Beim Hören mitlesen.** Wenn du eine neue Lektion beginnst, dann fang unbedingt zuerst mit dem Hörbuch an. Und lies im Buch mit, damit du dir auch die Schreibung der einzelnen Wörter einprägst.
5. **Das Hören will gelernt sein.** Es ist auch ganz normal, wenn du beim ersten Mal recht wenig verstehst. Und glaub nicht, dass es daran liegt, dass zu schnell gesprochen wird. Es ist nur eine Frage der Gewöhnung, dass du auch verstehst, was du hörst. Wenn du dir die Audiofiles oft genug anhörst, wirst du dir ohne Mühe ganze Sätze merken.
6. **Hörübungen.** Da ist der Text nicht geschrieben, sondern nur zu hören. Im Buch gibt es Zeichnungen, die dir helfen, den Text zu verstehen. Außerdem findest du die Wörter, die du zum Verstehen der Hörtexte unbedingt brauchst, unterhalb der Zeichnungen. Die anderen neuen Vokabel wirst du erraten.
7. **Hör dir die Dialoge und Texte so oft an, wie es nur möglich ist.** Und immer wieder vom Anfang an. Am besten kannst du zuhören, wenn du irgend etwas machst, z.B. beim Stricken oder Kochen, in der Straßenbahn oder im Auto. Die Sätze werden dann zu Ohrwürmern, die du gar nicht mehr los wirst. Du speicherst damit eine Menge von Mikrokontexten in deinem Gedächtnis.
8. **Mikrokontexte sind die Bausteine für dein aktives Russisch.** Um russisch zu reden, brauchst du sie nur noch für deine Zwecke „recyclen".
9. **Ärgere dich nicht, wenn du dir ein Wort nicht auf Anhieb merkst.** Das ist völlig normal. Um sich ein Wort wirklich einzuprägen, muss man ihm an die 15 mal in verschiedenen Kontexten begegnet sein. Es macht daher wenig Sinn, isolierte Vokabel ohne Kontext als „Wortgleichungen" zu lernen.

10. **Du verstehst Texte, auch wenn du nicht jedes Wort kennst.** Die Lese- und Hörtexte sind dazu da, die Fähigkeit zu entwickeln, aus dem Kontext die Bedeutung unbekannter Wörter zu erschließen. Die vielen neuen Wörter brauchst du dir nicht zu merken, wichtig ist, dass du sie im Kontext ungefähr verstehst.
11. Leg dir eine russische **Computertastatur** zu!
12. **Tippe Dialoge nach dem Gehör in den Computer.** Das hilft dir grammatikalisch sattelfest zu werden. Nachher kannst du deinen Text mit dem Buch vergleichen.
13. **Die Grammatik wird nach jeder Lektion erklärt.**
14. **Die russische Grammatik in Mustersätzen** findest du auf den letzten Seiten des Buches. Die sind leicht zu finden und sehr nützlich.
15. **Versuche, in Gedanken mit dir selber russisch zu reden!**
16. **Internet und Facebook.** Such dir Lieder, die dir gefallen, oder Internetseiten, die dich interessieren. Vielleicht lernst du auch nette Leute kennen.
17. **Wer spricht in der Stadt russisch?** Du wirst bald erkennen, ob auf der Straße, im Museum oder am Markt jemand russisch spricht. Jedenfalls aber wirst du Russisch in einem russischen Geschäft hören.
18. **Tandem.** Wenn du schon einige Lektionen hinter dir hast, dann such dir eine Tandempartnerin oder einen Tandempartner, der dir Russisch gibt und dem du Deutsch gibst.

Wenn du einige unserer Ratschläge befolgst, dann hat die neue Sprache sicher Gelegenheit, sich bei dir einzunisten! Und wenn du später einmal deine Kenntnisse auffrischen willst, dann brauchst du die Dialoge und Texte nur noch ein- oder zweimnal durchzuhören und dein Russisch ist wieder da.

Unser Dank für das Lehrbuch gilt
für das Cover Martin Spiegelhofer;
für die Fotos am Cover Martin Kohlbauer und Christiane Fitz;
für wichtige methodische Hinweise Elfriede Penzinger, Christine Schack und Grete Maszl;
für die Ausarbeitung der Druckvorlage Bernd Wograndl;
für deren Korrektur Hermine Katzensteiner.

Unser Dank für das Hörbuch gilt
den Sprechern der Tonaufnahmen:
N.A. Sokolova, Lena Koroljova, den Familien Volkov und Nemenov und deren Freunden, Natalja Sigaleva, Mischa Vybornov, Natalja Mühlberger, Jegor Kharitonov und Inna Kamenetskaya;
für die Formatierung der Tonaufnahmen Max Willheim.

Inhaltsverzeichnis

für Johanna, Ilona und Oliver

1 Урок первый

Audio 1_1

Что это?

Was ist das?

Это ресторан.

Это банк.

Это парк.

Это театр.

Это магазин.

Это метро.

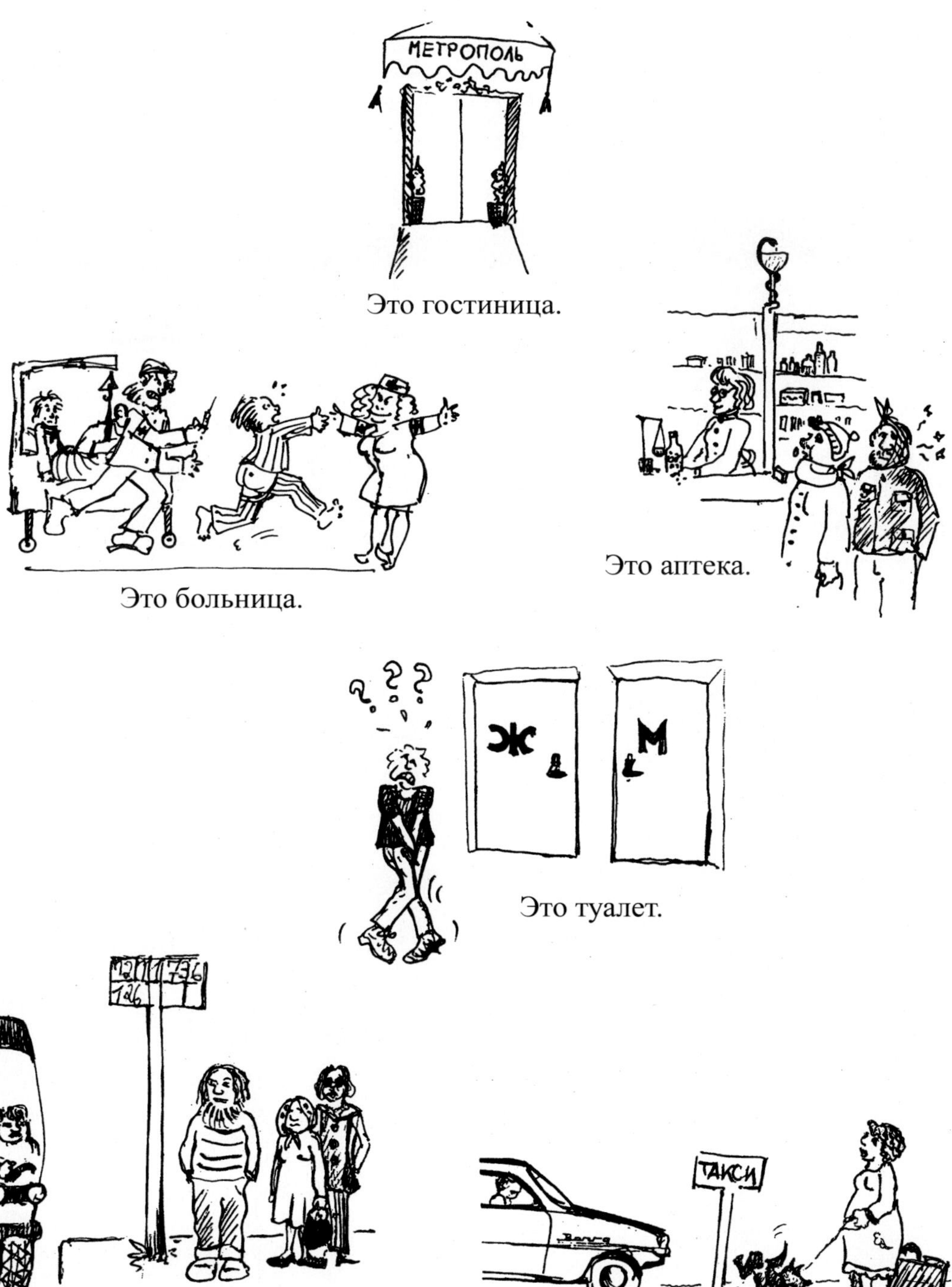

Это гостиница.

Это больница.

Это аптека.

Это туалет.

Вот остановка автобуса,
а вот и автобус.

Вот стоянка такси, а вот и такси.

Audio 1_2

Кто это?

Wer ist das?

Это Юра, он официант.

Это Вера, она балерина.

Это Алексей, он художник.

Это Семён, он сантехник.

Это Иван Иванович, он врач.

Это Мария Степановна, она учительница.

Это симпатичная девушка и приятный молодой человек.

Это Борис Андреевич, он директор, а это Галя, она секретарь.

Это старый профессор,

а это молодые студенты.

Это кот и собака.

Это большая собака и маленький кот.

Это большой кот и маленькая собачка.

Audio 1_3

Это старый чемодан
и новая сумочка.

Это новый чемодан
и старая сумка.

- Это гостиница или ресторан?
- Это гостиница.

- Это сумка или чемодан?
- Это очень большая сумка.

- Это больница?
- Нет, это аптека.

- Это остановка автобуса?
- Нет, это остановка трамвая.

- Это стоянка такси?
- Нет, это остановка троллейбуса.

- Это театр?
- Нет, это станция метро.

- Это банк?
- Нет, это новый магазин.

- Это больница?
- Да, больница.

- Кто это?
- Это Иван Иванович.
- Кто он?
- Он врач.

- Кто это?
- Это Вера.
- Кто она?
- Она балерина.

- Это Юра?
- Да, это Юра.
- Он тоже врач?
- Нет, он официант.

- Кто этот молодой человек?
- Это Семён.
- Кто он?
- Сантехник.

- Кто эта девушка?
- Это Галя.
- Она тоже балерина?
- Нет, она секретарь.

- Борис Андреевич - секретарь?
- Нет, Борис Андреевич не секретарь, а директор.

- Кто это? Галя или Вера?
- Это Галя.
- Кто она?
- Секретарь.

- Кто это? Семён или Юра?
- Это Юра.
- Он сантехник?
- Нет, он официант.

- Мария Степановна - врач?
- Нет, она учительница.

- Иван Иванович - учитель?
- Нет, он врач.

- Кто эта симпатичная девушка?
- Это Вера, она балерина.

- Кто этот приятный молодой человек?
- Это Алексей, он художник.

- Кто это? Кот?
- Нет, это очень маленькая собачка.

Аудирование к первому уроку

Hörübung zur ersten Lektion, Lösung im Schlüssel zum Arbeitsbuch

Audio 1_5

Fragen 1.1

Кто это? Кто они?

Пётр Первый
1672 – 1725

А. С. Пушкин
1799 – 1837

Н. В. Гоголь
1809 – 1852

Ф. М. Достоевский
1821 – 1881

Л.Н. Толстой
1828 – 1910

П. И. Чайковский
1840 – 1893

А. П. Чехов
1860 – 1904

В. В. Кандинский
1866 – 1944

Осип Мандельштам
1891 – 1938

М. А. Булгаков
1891 – 1940

Анна Ахматова
1889 – 1966

Д. Д. Шостакович
1906 – 1975

царь, поэ́т, писа́тель Schriftsteller, **драмату́рг** Bühnenautor, **компози́тор** Komponist

Vokabel, Phonetik und Grammatik der ersten Lektion

Кто это?	Wer ist das? (So fragt man auch nach Tieren.)
Что это?	Was ist das?
Кто он? Кто она́?	Was ist er? Was ist sie (von Beruf)?

и	und (aufzählend), auch	Это кот и собака. А вот и автобус!
а не ..., а ...	und (gegenüberstellend) nicht ..., sondern ...	Это Борис Андреевич, а это Галя. Борис Андреевич не секретарь, а директор.

э́тот, э́та	dieser, diese (Demonstrativpronomen)	о́чень	sehr
		и́ли	oder
э́то	dieses; das ist, das sind	да	ja
кто	wer (Interrogativpronomen)	нет	nein
что	was (Interrogativpronomen)	то́же	auch, ebenfalls
он	er	вот	hier ist, hier sind
она́	sie	гости́ница	Hotel
де́вушка	junge Frau	больни́ца	Krankenhaus
челове́к	Mensch, Mann	чемода́н	Koffer
худо́жник	Künstler, Maler	су́мка	Tasche
официа́нт	Kellner	стоя́нка такси́	Taxistandplatz
врач	Arzt, Ärztin	остано́вка остановка авто́буса остановка трамва́я остановка тролле́йбуса	Haltestelle
санте́хник	Installateur		
учи́тель	Lehrer		
учи́тельница	Lehrerin	ста́нция метро́	Metrostation
соба́ка	Hund	уро́к	Lektion
кот	Kater	магази́н	Geschäft
большо́й, больша́я	groß	но́вый, но́вая	neu
ма́ленький, ма́ленькая	klein	ста́рый, ста́рая	alt
симпати́чный, симпати́чная	hübsch	молодо́й, молода́я	jung
		пе́рвый, пе́рвая	erster, erste
прия́тный, прия́тная	sympathisch, angenehm		

Alphabet und Anleitung zum Schreiben findest du auf den Seiten 119 ff

Das Russische verwendet sehr großzügig Fremdwörter.
Du brauchst für viele Wörter daher keine Übersetzung:

парк	ресторáн	профéссор	метрó
теáтр	аптéка	студéнт	автóбус
банк	стáнция	дирéктор	троллéйбус
музéй m.	туалéт	балери́на	трамвáй m.
секретáрь m.	такси́ n.		

Phonetik

Das Russische hat weniger Vokale als das Deutsche, dafür jedoch wesentlich mehr Konsonanten. Der Unterschied zwischen diesen Konsonanten ist für deutsche Ohren manchmal schwer zu hören. Versuche daher, ganz genau zuzuhören und dir den Klang eines ganzen Wortes oder eines ganzen Satzes gemeinsam mit dem Schriftbild einzuprägen.

Vokale

Die russischen Vokale werden nur in betonter Silbe deutlich gesprochen.
Welche Silbe die Betonung trägt, ist für den Ausländer nicht vorhersehbar.

In unbetonten Silben werden die Vokale reduziert.
o wird als kurzes, undeutliches [a] gesprochen: **собáка, э́то, больни́ца**
e wird als kurzes, undeutliches [i] gesprochen: **теáтр, метрó, вóсемь**

Im Deutschen wird vor Vokalen, die am Wortanfang stehen, ein **Knacklaut** gesprochen: „aber aber!" Im Russischen fehlt dieser „konsonantische" Teil des Vokals. Ähnlich wie Französisch wird auch Russisch ohne hörbare Wortgrenzen gesprochen: **А это Анна. „АэтоАнна"** Wenn es dir nicht gleich gelingen will, dann versuch ein wenig zu seufzen: **„ААэтоАнна."** **Вот остановка автобуса, а вот и автобус** wird in einem Atemzug gesprochen: **„Вóтастанóвкаавтóбуса, авóтыавтóбус."**

Konsonanten

Im Russischen gibt es zwei Konsonantenkorrelationen:

Stimmhaftigkeit / Stimmlosigkeit

stimmhaft		stimmlos	
б	банк	п	парк
д	да	т	такси
з	магазин	с	собака
ж	тоже	ш	большой
г	Галя	к	кот

Achte besonders darauf, dass in vielen Wörtern sowohl stimmlose als auch stimmhafte Konsonanten vorkommen können:
тоже (weder тоше noch доже!)
собака (weder зобака noch сопака!)

palatalisiert / nicht palatalisiert

(In Russland bezeichnet man diesen Unterschied mit твёрдый/мягкий.)

Die Konsonanten werden entweder mit abgesenkter Zunge „unten" (nichtpalatalisiert), oder mit angehobenem Zungenrücken „oben" (palatalisiert) gesprochen.

Ob ein Konsonant oben ↑ oder unten ↓ gesprochen wird,
erkennt man im Schriftbild am jeweils nachfolgenden Buchstaben.

„oben" (vor я, е, и, ё, ю, ь)	**„unten"** (vor а, ы, о, у)
Гал↑я	б↓анк
апт↑ека	
Бор↑ис	нов↓ый
С↑ем↑ён	м↓ол↓од↓ой
Л↑юс↑я	с↓умк↓а
бол↑ьн↑ица	

oberes **л↑**	**Гал↑я, учител↑ь** wird wie „Liebe, Lilie" gesprochen
oberes **т↑, д↑**	**апт↑ека, д↑иректор** hört sich an, als wäre ein „s" dabei: **[аптсека], [дзиректор]**
oberes **н↑**	**н↑ет, больн↑ица** klingt wie „ng" in „Cognac", „Lasagne" oder „Champagner"
ш↓, ж↓, ц↓	sind immer „unten" (nichtpalatalisiert)
ч↑, щ↑	sind immer „oben" (palatalisiert)

Die Schreibung entspricht hier nicht der Aussprache: **официант [офиц**ы**ант].**

Im Wort **художник** wechseln „obere" und „untere" Konsonanten: **х↓уд↓ож↓н↑ик↓**. Es bedarf einer gewissen Zungengymnastik, um **ж↓н↑ик↓** richtig auszusprechen.

- Der russische Konsonant **[j]** hat keine einheitliche Schreibung.

➡ Stehen die Buchstaben **я, е, ё, ю** am Wortanfang, nach Vokal oder nach **ь** so bezeichnen sie die Lautkombinationen **[ja], [je], [jo], [ju]**

Еле́на	**[ji]**лена	при**я́**тный	при**[ja]**тный
Евро́па	**[ji]**вропа	**Ю**ра	**[ju]**ра
Андре́**е**вич	Андре**[ji]**вич	семь**я́**	сем**[ja]** (Familie)

➡ Am Wortende wird das **[j]** mit **й** geschrieben **новый -новы[j]**

➡ Steht vor **я, е, ё, ю, и, ь** ein Konsonant, dann ist er palatalisiert, „oben". Es wird kein [j] gesprochen:
Галя, аптека, Семён, большой, театр, директор

➡ Steht vor **я, е, ё, ю** kein Konsonant, dann wird [j] gesprochen:
Елена, Юра, старая, приятный, Андреевич, семья́ (Familie)

Grammatik

- Die Formen von **„sein“** werden im russischen Präsenssatz nicht ausgedrückt:

Кто это?	Wer ist das?
Что это?	Was ist das?
Это Галя, она секретарь.	Das ist Galja, sie ist Sekretärin.
Это молодые студенты.	Das sind junge Studenten.

Kommen dabei zwei Substantiva nebeneinander zu stehen,
wird ein Gedankenstrich eingefügt: Иван Иванович - врач.

- Im Russischen gibt es wie im Deutschen **drei Geschlechter**.
Die **Adjektiva** werden nach Geschlecht und Zahl mit dem Substantiv **übereingestimmt**.

m.	Большо́й теа́тр, ста́рый чемода́н, ма́ленький[1] кот
f.	больша́я сумка, ста́рая гости́ница, ма́ленькая соба́чка
n.	до́брое у́тро (guten Morgen), Чёрное мо́ре (Schwarzes Meer)
Pl. m., f.	молоды́е студе́нты, но́вые су́мки

- Im Russischen gibt es viele Diminutiva, d. h. Koseformen, Verkleinerungen:
собака - соба́чка, собачо́нка; сумка - су́мочка
Besonders vielfältig sind die Variationen der Vornamen:
Гали́на - Га́ля; Юрий - Юра; Мари́я - Ма́ша;
Алекса́ндр - Са́ша, Шу́ра; Ната́лья - Ната́ша

- Im Russischen gibt es neben Vor- und Familiennamen noch Vatersnamen.
Sie werden meistens durch das Suffix -ович für Männer und -овна für Frauen gebildet.

Ива́н Ива́нович	Юрий Степа́нович	Валенти́н Петро́вич
Вера Ива́новна	Мари́я Степа́новна	Ната́лья Петро́вна

- Für die höfliche Anrede verwendet man im Russischen die 2. Pers. Pl. mit dem Vor- und Vatersnamen. Familiennamen sind in der Anrede unüblich. Der Vorname steht in Verbindung mit dem Vatersnamen immer in der vollen Form: Ната́лья Петро́вна

[1] Die Endungen der maskulinen Adjektiva: unter Betonung -ой, unbetont -ый und nach -к -ий.

Урок второй

Audio 2_1

Прости́те, где здесь побли́зости апте́ка?
Entschuldigen Sie, wo gibt es hier in der Nähe eine Apotheke?

Прости́те, где здесь метро́?
Entschuldigen Sie, wo ist hier die U-Bahn?

- Простите, где здесь метро?
- Метро? Вот здесь.
- А аптека?
- Там.

там dort

- Простите, где здесь ресторан?
- Справа.

спра́ва rechts

- Это гостиница?
- Нет, это ресторан.
- А где гостиница?
- Рядом.

ря́дом daneben

- Простите, где тут больница?
- Слева.

тут da
сле́ва links

Скажи́те, пожа́луйста ...

Sagen Sie bitte ...

- Скажите, пожалуйста, где здесь стоянка такси?
- Вон там, слева.
- Спасибо.

пожа́луйста bitte
вон dort (weiter weg)
спаси́бо danke

- Извините, где здесь туалет?
- Вот здесь, справа.
- Спасибо.

извини́те verzeihen Sie

- Извините, пожалуйста, где здесь выход?
- Вон там, за углом.

вы́ход Ausgang
за угло́м um die Ecke

Вы не ска́жете, где ...

Können Sie mir sagen, wo ...

- Вы не скажете, где здесь остановка автобуса?
- Это недалеко. Вот здесь, справа.
- Спасибо большое.

недалеко́ nicht weit

Вы не зна́ете, где ...

Wissen Sie (vielleicht), wo ...

- Простите, вы не знаете, где здесь поблизости банкомат?
- Банкомат? Вон там, напротив.
  Видите?
- Вижу. Спасибо.

напро́тив gegenüber
ви́дите sehen Sie
ви́жу ich sehe

по́чта, кафе́ Kaffeehaus, *вход* Eingang *в музе́й, ка́сса, гардеро́б, администра́тор, вокза́л* Bahnhof

Audio 2_5

Иди́те пря́мо.

Gehen Sie geradeaus.

- Простите, где тут бар?
- Идите прямо, а потом налево.
- Спасибо.

потóм nachher, dann

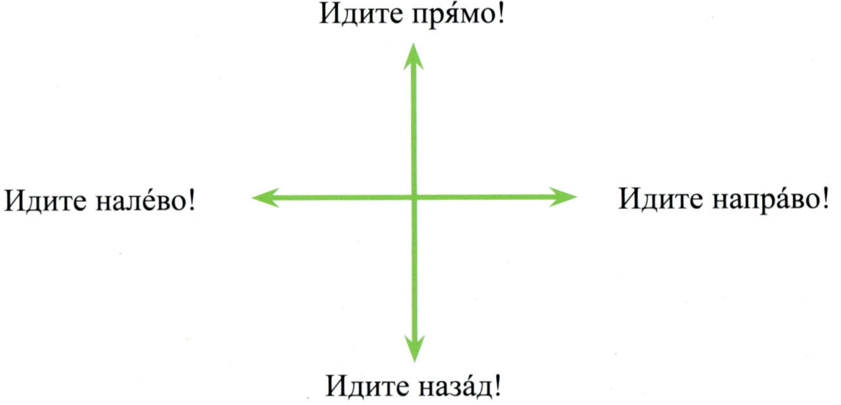

Audio 2_6

- Вы не скажете, где здесь поблизости аптека?
- Идите прямо, потом налево и ещё раз налево.
- Спасибо.

ещё раз noch einmal

- Простите, пожалуйста, вы не знаете, где здесь кинотеатр?
- Идите назад, а потом направо.
- Спасибо.
- Пожалуйста.

- Вы не скажете, где здесь гостиница?
- Идите прямо, а потом направо.
- Спасибо.
- Пожалуйста.

Audio 2_7

- Это дом номер два?
- Нет, это дом номер четыре.
- Простите, магазин здесь?
- Нет, рядом, в доме номер шесть.

дом Haus
в до́ме im Haus

- Вы не скажете, где здесь почта?
  В доме номер девять?
- Нет, напротив, в доме номер десять.

Audio 2_8

Die Zahlen von 1 – 10

1	оди́н	6	шесть
2	два	7	семь
3	три	8	во́семь
4	четы́ре	9	де́вять
5	пять	10	де́сять

Текст ко второму уроку

Audio 2_9

Это улица Пушкина. Вот большой новый дом. Это гостиница. Здесь ресторан и супермаркет. Напротив больница и аптека. В доме номер пять - почта. Недалеко станция метро и остановка троллейбуса. Рядом стоянка такси. За углом парк и стадион.

у́лица Straße

Audio 2_10

Audio 2_11

Аудирование ко второму уроку

Простите, где здесь ...?

как пройти́ к wie kommt man zu …
вы уви́дите Sie werden … sehen
далеко́ weit weg
че́рез два́дцать мину́т nach zwanzig Minuten

бассе́йн Schwimmbad
цирк Zirkus
це́рковь Kirche

Vokabel, Phonetik und Grammatik der zweiten Lektion

Прости́те, где здесь метро́?	Entschuldigen Sie, wo ist hier die U-Bahn?
Где здесь побли́зости апте́ка?	Wo ist hier in der Nähe eine Apotheke?
Скажи́те, пожа́луйста, где …	Sagen Sie bitte, wo ...
Вы не ска́жете, где …	Können Sie mir sagen, wo ...
Вы не зна́ете, где ...	Wissen Sie (vielleicht), wo ...
Иди́те пря́мо.	Gehen Sie geradeaus.
Извини́те!	Entschuldigen Sie!
Ви́дите?	Sehen Sie?
Ви́жу.	Ich sehe.
Че́рез де́сять мину́т.	In 10 Minuten.

спаси́бо	danke	пожа́луйста	bitte
спра́ва	rechts	напра́во	nach rechts
сле́ва	links	нале́во	nach links
напро́тив	gegenüber	пря́мо	geradeaus
ря́дом	daneben	наза́д	zurück
пото́м	danach	ещё раз	noch einmal
побли́зости	in der Nähe	за угло́м	um die Ecke
где	wo	недалеко́	nicht weit, unweit
здесь	hier	не	nicht
там	dort	вон	dort (weiter weg)
тут	da	у́лица	Straße
вход (в музе́й)	Eingang	дом, в до́ме	Haus, im Haus
выход	Ausgang	второ́й, вторая	zweiter, zweite

Wörter, für die du keine Übersetzung brauchst

по́чта	кафе́	бар	гардеро́б
ка́сса	банкома́т	кинотеа́тр	но́мер
суперма́ркет	стадио́н	администра́тор	

Die Zahlwörter von 1-10

один, два, три, четы́ре, пять, шесть, семь, во́семь, де́вять, де́сять

Phonetik

- **Vokalreduktion:**

  In unbetonter Silbe werden die Buchstaben **е, я, и** als kurzes, undeutliches [i] gesprochen: **теáтр, метрó, вóсемь, дéвять, дéсять**

- Wie du sicher gehört hast, wird **пожáл(уй)ста** verkürzt ausgesprochen.

- Das russische **р: метро, театр, напротив, справа** ist ein rollender Zungenspitzenlaut, ähnlich wie im Italienischen.

- Das russische **с: стадион, слева, справа, собака** ist auch am Wortanfang ein "scharf" gesprochenes s, wie "nass".

Grammatik

- **Du hast schon einige Verbformen kennengelernt**

Imperative	Прост**и́те**! Извин**и́те**! Скаж**и́те** пожалуйста! Ид**и́те** прямо.

Finite Formen	Вы не зн**á**ете, где здесь метро? Вы в**и́**дите? Я в**и́**жу. Вы не ск**á**жете, где здесь стоянка такси?

- **Das Russische hat sechs Fälle**

  Nominativ, Genitiv, Dativ, Akkusativ, Instrumental und Präpositiv

  Genitiv: остановка автóбус**а**, трамвá**я**

  Akkusativ: вход в музей

  Instrumental: за угл**óм**

  Präpositiv: **в** дóм**е**

- **Fremdwörter auf** -о, -е, -и **werden nicht dekliniert:** метрó, кафé, таксú

  стáнция метрó

  стоя́нка таксú

  в метрó

  в таксú

Was du schon alles kannst:

- nach Menschen, Örtlichkeiten und Dingen fragen.
- die russische Schrift lesen.
- die schwierigsten russischen Wörter aussprechen. Denn wenn du **тоже, пожалуйста, новый** und **где здесь?** aussprechen kannst, dann kannst du auch alle anderen russischen Wörter aussprechen.

Урок третий

Audio 3_1

Как вас зову́т?
Wie heißen Sie?

- Как вас зовут?
- Меня зовут Алексей Петрович.

меня́ зову́т
ich heiße

- Как тебя зовут?
- Меня зовут Ирина.

- Привет, тебя как зовут?
- Меня Наташа, а тебя?
- А меня Андрей.

Приве́т!
Hallo!

Audio 3_2

Где вы рабо́таете?
Wo arbeiten Sie?

- Иван Петрович, где вы работаете?
- Я работаю в больнице, я врач.

- Мария Степановна, где вы работаете?
- Я работаю в школе, я учительница.

- Галя, где ты работаешь?
- Я работаю в банке, я секретарь.

- Ты не знаешь, где работает Юра?
- В китайском ресторане.

кита́йский
chinesisch

Где ты у́чишься?

Wo studierst du?

Audio 3_3

- Ты где учишься?
- В университете, на математическом факультете, на первом курсе.

- Вы работаете или учитесь?
- Я и учусь и работаю.

- на пе́рвом ку́рсе im ersten Studienjahr
- и ... и ... sowohl ... als auch ...

В како́м кла́ссе ты у́чишься?

In welche Klasse gehst Du?

Audio 3_4

- Настя, в каком классе ты учишься?
- В шестом.

- Вера, ты уже работаешь?
- Нет, я ещё не работаю, я учусь.
- А где ты учишься?
- В экономическом училище.
- На каком курсе?
- На втором.

- како́й welcher
- шесто́й sechster
- уже́ schon
- ещё не noch nicht
- учи́лище Lehranstalt
- второ́й zweiter

Я учу́сь в экономи́ческом учи́лище.

Ich gehe in die Handelsakademie.

Audio 3_5

Моско́вский университе́т, юриди́ческий факульте́т, консервато́рия – в консервато́рии, техни́ческое учи́лище, туристи́ческий ко́лледж, тре́тий класс – в тре́тьем кла́ссе, гимназия – в гимназии

Audio 3_6

● Каки́е языки́ ты у́чишь?

Welche Sprachen lernst du?

- Где ты учишься?
- В гимназии с языковым уклоном.
- А какие языки ты учишь?
- Английский, испанский и русский.
- Ты знаешь три языка?
- Даже пять. У меня два родных языка: турецкий и немецкий.

● с языковы́м укло́ном mit Sprachenschwerpunkt

● язы́к Sprache

● да́же sogar

● неме́цкий deutsch

● У меня два родны́х языка́.

Ich habe zwei Muttersprachen.

● Какой ваш родной язык?

Was ist Ihre Muttersprache?

Audio 3_7

● У вас есть сын?

Haben Sie einen Sohn?

- Иван Петрович, у вас есть сын?
- Да, есть.
- Как его зовут?
- Боря.
- Где он учится?
- В школе, и ещё в музыкальной школе.

● Боря у́чится в музыка́льной шко́ле.

Borja geht in die Musikschule.

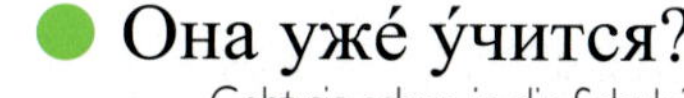

● Она уже́ у́чится?
Geht sie schon in die Schule?

Audio 3_8

- Зина, у вас есть дочка?
- Да, есть.
- А как её зовут?
- Ирина, Ирочка.
- Она уже учится?
- Нет, она ещё маленькая, она ходит в детский садик.

● до́чка Tochter

● Она хо́дит в де́тский сад.
Sie geht in den Kindergarten.

Текст к третьему уроку

Audio 3_9

Fragen 3.1

Hör dir diesen Text erst ein paar mal an und lies dabei mit. Versuche zu verstehen, obwohl einiges für dich neu ist. Die unbekannten Wörter und Wortformen wirst du wahrscheinlich erraten. Du kannst dann anschließend anhand der Vokabelliste vergleichen, ob du richtig geraten hast.

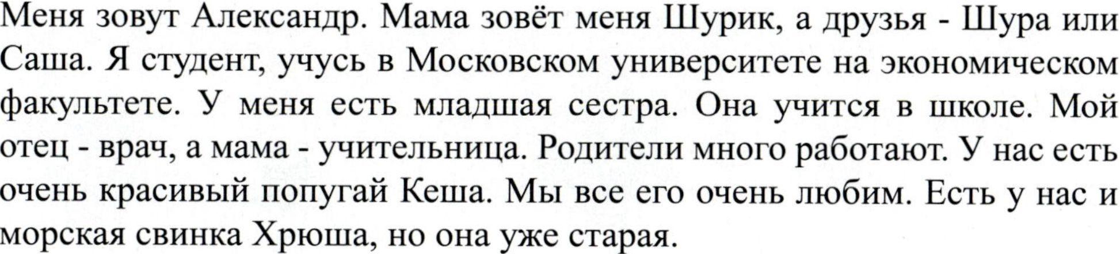

Меня зовут Александр. Мама зовёт меня Шурик, а друзья - Шура или Саша. Я студент, учусь в Московском университете на экономическом факультете. У меня есть младшая сестра. Она учится в школе. Мой отец - врач, а мама - учительница. Родители много работают. У нас есть очень красивый попугай Кеша. Мы все его очень любим. Есть у нас и морская свинка Хрюша, но она уже старая.

Мама зовёт меня Шу́рик.
Mama nennt mich Schurik.

Мы все его о́чень лю́бим.
Wir mögen ihn alle sehr.

Kurzformen von Vornamen:
Шу́рик, Саша - Александр
Ке́ша - Инноке́нтий

друзья́	Freunde	мно́го	viel
оте́ц	Vater	попуга́й	Papagei
мла́дшая сестра́	jüngere Schwester	краси́вый	schön
роди́тели	Eltern	морска́я сви́нка	Meerschweinchen

Audio 3_10

Audio 3_11

Fragen 3.2

Аудирование к третьему уроку

Кто где работает? Кто где учится?

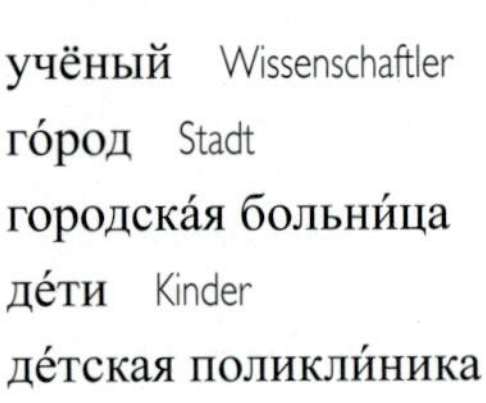

учёный Wissenschaftler
го́род Stadt
городска́я больни́ца
де́ти Kinder
де́тская поликли́ника
Пу́шкинский дом Literaturarchiv und -bibliothek in Petersburg

сейча́с jetzt
нефть Erdöl
нефтяна́я компа́ния
Ита́лия Italien
италья́нский рестора́н

медсестра́ Krankenschwester
Англия England
англи́йская школа
библиоте́карь

Vokabel, Phonetik und Grammatik der dritten Lektion

Приве́т!	Hallo!
Как вас зову́т?	Wie heißen Sie?
Как тебя́ зову́т?	Wie heißt du?
Меня́ зову́т Бори́с.	Ich heiße Boris.
Где вы рабо́таете?	Wo arbeiten Sie?
Где ты у́чишься?	Wo studierst du? In welche Schule gehst du?
Каки́е языки́ ты у́чишь?	Welche Sprachen lernst du?
У меня два родны́х языка́.	Ich habe zwei Muttersprachen.
Я учу́сь в Ве́нском университе́те.	Ich studiere an der Wiener Universität.
У вас есть сын?	Haben Sie einen Sohn?
Бо́ря у́чится в музыка́льной шко́ле.	Borja geht in die Musikschule.
Она уже́ у́чится?	Geht sie schon in die Schule?
Она хо́дит в де́тский сад.	Sie geht in den Kindergarten.
Я учу́сь в экономи́ческом учи́лище.	Ich gehe in eine Handelsakademie.

Die e-Konjugation

знать wissen, kennen, können

я зна́**ю**	мы зна́**ем**
ты зна́**ешь**	вы зна́**ете**
он зна́**ет**	они зна́**ют**

рабо́тать arbeiten

я рабо́та**ю**	мы рабо́та**ем**
ты рабо́та**ешь**	вы рабо́та**ете**
она рабо́та**ет**	они рабо́та**ют**

звать rufen, nennen

я зов**у́**	мы зов**ём**
ты зов**ёшь**	вы зов**ёте**
он зов**ёт**	они зов**у́т**

есть + Nom. es gibt

у + Gen. **есть** + Nom. haben

Die i-Konjugation

ви́деть sehen

я ви́**жу**	мы ви́д**им**
ты ви́д**ишь**	вы ви́д**ите**
он ви́д**ит**	они ви́д**ят**

ходи́ть (regelmäßig) gehen, gehen können

я хо**жу́**	мы хо́д**им**
ты хо́д**ишь**	вы хо́д**ите**
он хо́д**ит**	они хо́д**ят**

учи́ть ***что*** etwas lernen

я уч**у́**	мы у́ч**им**
ты у́ч**ишь**	вы у́ч**ите**
она у́ч**ит**	они у́ч**ат**

учи́ться ***где*** zur Schule gehen, studieren

я уч**у́сь**	мы у́ч**имся**
ты у́ч**ишься**	вы у́ч**итесь**
она у́ч**ится**	они у́ч**атся**

Verben mit dem Suffix **-ться** sind intransitiv.
Sie können mit keinem Akkusativobjekt verbunden werden.

в	in	до́чка	Tochter
на	auf, an	сын	Sohn
како́й, кака́я	welcher, welche	шко́ла	Schule
и ... и ...	sowohl ... als auch ...	язы́к	Sprache
да́же	sogar	родно́й язы́к	Muttersprache
уже́	schon	неме́цкий	deutsch
как	wie	гуманита́рный	geisteswissenschaftlich
ещё не	noch nicht	де́тский сад	Kindergarten
ещё	noch	кита́йский	chinesisch
приве́т	hallo, grüß dich	на пе́рвом ку́рсе	im ersten Studienjahr
тре́тий, тре́тья	dritte(r)	учи́лище	Lehranstalt

Ве́нский университе́т
математи́ческий факульте́т
Моско́вская консервато́рия

кита́йский рестора́н
музыка́льная шко́ла
францу́зская гимна́зия

испа́нский
англи́йский
туре́цкий

Phonetik

- Die **Assimilation nach der Stimmhaftigkeit** ist regressiv!

  ➡ **Vor stimmhaften Konsonanten werden alle Konsonanten stimmhaft.**
  вот здесь [вод здесь], Как зовут его? [каг зовут]

  ➡ **Vor stimmlosen Konsonanten werden alle Konsonanten stimmlos.**
  в школе [ф школе], в парке [ф парке], остановка [останофка], автобус [афтобус]

  ➡ **Verlust der Stimmhaftigkeit im Auslaut**
  Am Ende eines Wortes werden alle Konsonanten stimmlos.
  муж [муш] Ehemann, сад [сат] Garten

- **Wenn nach** ш, ж, ц **der Buchstabe** и **steht, wird** [ы] **gesprochen!**
  ваши [шы], станция [цы], младший [шый]

Die Endungen **-ться** und **-тся** werden in der Aussprache nicht unterschieden, es wird [ца] gesprochen: **учи́ться [учи́ца], он у́чится [у́чица]**

Grammatik

- **Nominativ Plural**

  Это молодые студенты.

- Der **Präpositiv** funktioniert nur mit Präpositionen:

  В как**о́м** кл**а́**сс**е** ты **у́**чишься?
  Иван Иванович работает в д**е́**тск**ой** больн**и́**ц**е**.
  Вера **у́**чится **на** филолог**и́**ческ**ом** факульт**е́**т**е**.
  Борис Андреевич и Галя работают **в** нефтян**о́й** комп**а́**н**ии**[1] Erdölgesellschaft.

- **Die Präpositionen** в **und** на **bezeichnen mit dem Präpositiv einen Ort** *(где?)*.
  Mit dem Akkusativ bezeichnen sie eine Richtung *(куда́?* wohin?*)*.

где? в, на + Präpositiv	Иван Иванович работает **в** д**е́**тск**ой** больн**и́**ц**е**. Я учусь **в** В**е́**нск**ом** университ**е́**т**е**. Галина Петровна сейчас **на** конц**е́**рт**е**. Вера учится **на** физ**и́**ческ**ом** факульт**е́**т**е**.

куда? в, на + Akkusativ	Ирочка ходит **в** д**е́**тский сад. Где тут вход **в** муз**е́й**? Семён идёт **на** раб**о́**т**у**. Ты идёшь **на** п**о́**чт**у**?

- **Personalpronomina**

  Я учусь в университете.
  Где **ты** работаешь?
  Он работает в банке.
  Она́ балерина?

  Мы еще не работаем, мы учимся.
  Вы не знаете, где тут банкомат?
  Они́ учатся в школе.

- **Akkusativ** ***кого?***

  Меня́ зовут Ирина.
  Как **тебя́** зовут?
  Его́ зовут Семён?
  Её зовут Наташа?

  Нас зовут Вера и Алексей.
  Как **вас** зовут?
  Их зовут Вера и Алексей?

[1] Substantiva auf -ия, -ие, -ий enden im Präpositiv Singular auf -ии.

4

Урок четвёртый

Audio 4_1

У тебя́ в Москве́ есть друзья́?

Hast du in Moskau Freunde?

- У тебя в Москве есть друзья?
- Да, есть. У меня в Москве много хороших друзей.
- А у меня в Москве нет друзей, но зато есть в Петербурге.

мно́го viel

зато́ dafür

У меня́ в Москве́ мно́го хоро́ших друзе́й.

Ich habe in Moskau viele gute Freunde.

Audio 4_2

У меня́ нет бра́та.

Ich habe keinen Bruder.

- У тебя есть брат?
- Нет, у меня нет брата.

У меня́ нет сестры́.

Ich habe keine Schwester.

- У тебя есть сестра?
- Нет, у меня нет сестры.

- Миша, у тебя есть сестра?
- Да, у меня даже две сестры.
- А как их зовут?
- Ира и Марина.
- А у меня два брата, но сестры, к сожалению, нет.

да́же sogar

к сожале́нию leider

- Оля, у тебя в Москве есть подруга?
- Да, есть, ее зовут Светлана.
- Она тоже студентка?
- Нет, она инженер и работает во французской фирме.

подру́га Freundin

Audio 4_3

У вас в Петербу́рге есть знако́мые?

Haben Sie in Petersburg Bekannte?

- У вас в Петербурге есть знакомые?
- Да, у меня в Петербурге есть хороший друг.
- Он тоже художник?
- Нет, он директор Русского музея.

дру́г Freund

Он дире́ктор Ру́сского музе́я.

Er ist Direktor des Russischen Museums.

Она́ гла́вный реда́ктор украи́нской газе́ты.

Sie ist Chefredakteurin einer ukrainischen Zeitung.

- У тебя в Киеве есть знакомые?
- Да, есть. Это интересная пара: она главный редактор украинской газеты, а он главный дирижёр оперного театра.

Пари́ж, Рим, Ло́ндон, За́льцбург, Мю́нхен, Берли́н, Будапе́шт, Ве́на, Вене́ция, Пра́га, Аме́рика, А́встрия, Росси́я

Audio 4_4

Audio 4_5

- Боря, у вас есть кот?
- Да, есть.
- Как его зовут?
- Васька. Это сиамский кот, и он очень красивый. А еще у нас есть морская свинка, но она уже старая.
- А у нас нет ни сиамского кота, ни морской свинки.

● **краси́вый** schön

● **нет ни ..., ни ...** weder ..., noch ...

ко́шка Katze, ***канаре́йка, попуга́й, африка́нский крокоди́л, кро́лик*** Kaninchen, ***хомя́к*** Hamster, ***кры́са*** Ratte, ***дома́шние живо́тные*** Haustiere

● **У вас ещё есть вопро́сы?**
Haben Sie noch Fragen?

● **Нет, у нас бо́льше нет вопро́сов.**
Nein, wir haben keine Fragen mehr.

Audio 4_6

Fragen 4.1

Текст к четвёртому уроку

У меня есть друг, его зовут Алексей. У него большая семья: родители, бабушка с дедушкой, два старших брата. Его братья – близнецы. Сестёр у Алексея нет. Лёша - студент, он учится в Иркутске, в университете, на сибирско-американском факультете. Он знает много иностранных языков – английский, немецкий, испанский и китайский. Он очень весёлый и общительный парень, у него много друзей и дома в Иркутске, и в Германии, но девушки пока нет. У Алексея почти нет свободного времени. Он не только учится, но и работает, занимается музыкой и спортом. И как только он всё успевает!

● **И ка́к то́лько он всё успева́ет!**
Wie der das alles nur schafft!

семья́	Familie	**весёлый**	fröhlich	**пока́ нет**	bis jetzt nicht
близнецы́	Zwillinge	**общи́тельный**	gesellig	**свобо́дное вре́мя**	Freizeit
иностра́нный язы́к	Fremdsprache	**па́рень**	Bursche	**у́мный**	gescheit
неме́цкий	deutsch	**почти́**	fast		
испа́нский	spanisch	**Герма́ния**	Deutschland		

у меня́ нет свобо́дного вре́мени	ich habe keine Freizeit
занима́ться му́зыкой и спо́ртом	Musik und Sport betreiben
не то́лько ..., но и ...	nicht nur ..., sondern auch ...

Audio 4_7

Audio 4_8

Fragen 4.2

Аудирование к четвертому уроку

У кого чего нет? Кого нет? У кого чего много?

зóнтик Regenschirm
шáрик Luftballon
всегó (insgesamt) nur

дéньги Geld
матрёшка russische Puppe

дóма zu Hause
мотоцúкл Motorrad

Слова и грамматика четвёртого урока

У тебя́ в Москве́ есть друзья́?	Hast du in Moskau Freunde?
У меня́ в Москве́ мно́го хоро́ших друзе́й.	Ich habe in Moskau viele gute Freunde.
У меня́ нет бра́та.	Ich habe keinen Bruder.
У меня́ нет сестры́.	Ich habe keine Schwester.
У вас в Петербу́рге есть знако́мые?	Haben Sie in Petersburg Bekannte?
Он дире́ктор Ру́сского музе́я.	Er ist Direktor des Russischen Museums.
Она́ гла́вный реда́ктор украи́нской газе́ты.	Sie ist Chefredakteurin einer ukrainischen Zeitung.
У вас ещё есть вопро́сы?	Haben Sie noch Fragen?
Нет, у нас бо́льше нет вопро́сов.	Nein, wir haben keine Fragen mehr.

друг, Pl. друзья́	Freund	мно́го	viel
знако́мый	Bekannter	но зато́	aber dafür, stattdessen
подру́га	Freundin	бо́льше нет	keine mehr
сестра́	Schwester	хоро́ший	gut
брат	Bruder	гла́вный	Haupt-
вопро́с	Frage	к сожале́нию	leider
газе́та	Zeitung	нет ни ..., ни ...	weder ..., noch ...
морска́я сви́нка	Meerschweinchen	четвёртый	vierter
сло́во, Pl. слова́	Wort		

брат
Pl. бра́тья, бра́тьев

сестра́
Pl. сёстры, сестёр

Москва́
реда́ктор
студе́нтка
па́ра

инжене́р
францу́зская фи́рма
Санкт-Петербу́рг

украи́нская газе́та
дирижёр о́перного теа́тра
сиа́мский кот

Phonetik

- **их** besteht aus einem hellen **и** und einem dunklen **х** [**их↓**].
  „**Их зовут Вера и Наташа.**" – **х** wird stimmhaft [**иүзовут**].
  „**Как их зовут?**" – das helle **и** wird zu [**ы**] und das **х** wird stimmhaft [**какыүзовут**].

Grammatik

Genitiv *кого? чего?*

Personalpronomina (formengleich mit dem Akkusativ)

У **меня́** есть брат.
У **тебя́** есть сестра?
У **него́** в Москве есть друзья?
У **неё** в Париже есть знакомые?
У **нас** есть машина (Auto) .
У **вас** есть вопросы?
У **них** есть дача? (Ferienhaus)

Nach Präpositionen wird vor den Personalpronomina его [jiwo], её [jijo], их ein **н**- eingeschoben: у **н**его, у **н**её, у **н**их.

Substantiva und Adjektiva

У Егор**а** в Вене много друз**е́й**.
У Игор**я** нет сиа́мск**ого** кот**а́**.
У Ше́рлок**а** Хо́лмс**а** нет вопро́с**ов**.
У Бори́с**а** Андре́евич**а** много денег.
У Ири́н**ы** Петро́вн**ы** нет сестр**ы́**.
У Ко́л**и** нет морск**о́й** сви́нк**и**.
У Инн**ы** много подру́г[1].
У Ми́ш**и** много ша́рик**ов**.

Verwendung des Genitivs

- ➡ reiner Genitiv (ohne Präposition) — Директор Ру́сск**ого** музе́**я**.
- ➡ nach der Präposition **у** — **У тебя** есть сестра?
- ➡ nach Verneinungen wie **нет** — У Серёжи **нет** денег. / У меня **нет** ни бра́ть**ев** ни сестёр.
- ➡ nach Mengenangaben wie **много** — У меня **много** хоро́ш**их** друз**е́й**.
- ➡ nach **два/две** (f.), **три, четы́ре** steht Genitiv Singular[2] — У Веры **две** сестр**ы́** и **два** бра́т**а**.

[1] Der Genitiv Plural der weiblichen Substantiva auf **-а, -я** ist endungslos.
[2] Zur Rektion der Zahlwörter vgl. 6. Lektion S 58.

Was du schon alles kannst:
- dich über Beruf, Schule, Studium und Sprachkenntnisse unterhalten,
- „haben" und „nicht haben",
- den Genitiv mit seinen vielen Verwendungen.

Damit hast du auch schon einen großen Brocken russischer Grammatik bewältigt.

Урок пятый

Audio 5_1

Познакóмьтесь!

„Darf ich bekanntmachen?"

- Познакомьтесь, это Таня, моя хорошая подруга,
  а это Андрей, мой однокурсник.
- Очень приятно.
- Взаимно.

однокýрсник Studienkollege

взаи́мно ebenfalls

Audio 5_2

- Папа, мама, познакомьтесь, это Оксана,
  моя девушка. Оксана, это мои родители:
  папа Николай Иванович и мама
  Людмила Анатольевна.
- Очень приятно!
- И мы очень рады наконец-то познакомиться
  с тобой, Оксана!

роди́тели Eltern

Я очень рáда наконéц-то познакóмиться с вáми!

Ich bin sehr froh, Sie endlich kennenzulernen.

это мой пáрень, это мой молодой человек das ist mein Freund

Как ва́ши де́ти?
Wie geht es Ihren Kindern?

Спаси́бо, всё норма́льно.
Danke, alles in Ordnung.

- Здравствуйте, Петр Николаевич, как ваша жена?
- Спасибо, всё хорошо, она сейчас на даче.

здра́вствуй(те) Guten Tag!
жена́ Ehefrau
сейча́с jetzt
да́ча Wochenendhaus

Всё хорошо́.
Alles (läuft) gut.

- Как твой брат?
- Нормально.
- Где он сейчас?
- Он сейчас учится в России.
- А где именно?
- В Московской консерватории.

твой dein
Росси́я Russland
где и́менно wo genau

- Как твоя сестра?
- Спасибо, хорошо, она сейчас в Париже.
- Правда?
- Да, она учится в Сорбонне.
- Это замечательно!

пра́вда wirklich
замеча́тельно bemerkenswert, super

чуде́сно wunderbar, *прекра́сно* prächtig, *всё по-ста́рому* alles beim Alten, *как всегда́* wie immer, *не о́чень* nicht sehr gut, *пробле́мы на рабо́те*, *лу́чше не спра́шивай* frag lieber nicht, *как нельзя́ лу́чше* es könnte nicht besser sein

● Твоя́ ба́бушка ещё рабо́тает?
Arbeitet deine Großmutter noch?

- Твоя бабушка ещё работает?
- Нет, она уже на пенсии.
- Моя бабушка тоже на пенсии,
  но она всё равно работает.

● на пе́нсии in Pension

● всё равно́ trotzdem

● Моя́ ба́бушка на пе́нсии, но она́ всё равно́ рабо́тает.
Meine Großmutter ist in Pension, aber sie arbeitet trotzdem.

Текст к пятому уроку

Audio 5_5

Привет, меня зовут Людмила. Я сейчас учусь в Москве, на первом курсе МГУ, на факультете журналистики. Сама я из Новосибирска. Там у меня родители, бабушка с дедушкой, младший брат и все мои друзья. Я по ним очень скучаю. Здесь, в Москве, у меня пока нет друзей, но зато уже есть много хороших знакомых.

Fragen 5.1

Audio 5_6

А ещё у меня в Москве есть тётя, сестра отца. Её зовут Вера Николаевна, она учительница, работает в частной гимназии, преподаёт математику. У неё есть дочка, моя двоюродная сестра. Её зовут Наташа, она ещё учится в школе, в десятом классе.

сам, сама́, са́ми	selbst	ба́бушка с де́душкой	die Großeltern
ча́стный	privat	(двою́родная) сестра́	Cousine[1]
пока́	bisher	из + Gen.	aus
в деся́том кла́ссе	in der zehnten Klasse		

Я по ним очень скуча́ю.	Sie fehlen mir sehr.
Она преподаёт матема́тику.	Sie unterrichtet Mathematik.
МГУ – Моско́вский госуда́рственный университе́т	госуда́рственный staatlich

[1] Wenn Russen von Cousin oder Cousine reden, dann sagen sie meistens **брат** und **сестра**. Erst bei Nachfragen wird zwischen **родно́й брат** (Bruder) **двою́родный брат** (Cousin) unterschieden. Auch das Wort **кузина** wird verwendet.

Слова и грамматика пятого урока

Познако́мьтесь! — „Darf ich bekanntmachen?“

Очень прия́тно! — Sehr angenehm.

Взаимно. — „Ganz meinerseits!“

Я о́чень ра́да наконе́ц-то познако́миться с ва́ми! — Ich bin sehr froh, Sie endlich kennen zu lernen!

Здра́вствуй! Здра́вствуйте! — Begrüßung

Как ва́ши де́ти? — Wie geht es Ihren Kindern?

Спаси́бо, всё норма́льно. — Danke, alles in Ordnung.

Всё хорошо́. — Alles (läuft) gut.

Твоя́ ба́бушка ещё рабо́тает? — Arbeitet deine Großmutter noch?

Моя́ ба́бушка на пе́нсии, но она́ всё равно́ рабо́тает. — Meine Großmutter ist in Pension, aber sie arbeitet trotzdem.

всё	alles	познако́миться с	jemanden kennenlernen
где и́менно	wo genau	хорошо́	gut
сейча́с	jetzt	замеча́тельно	super
наконе́ц-то	endlich	норма́льно	in Ordnung
всё равно́	trotzdem	рад, ра́да, ра́ды	froh
четвёртый	vierter	пра́вда	wirklich
одноку́рсник	Studienkollege	да́ча	Ferienhaus
роди́тели	Eltern	взаимно	gegenseitig
ба́бушка	Großmutter	тётя	Tante

пе́нсия, на пе́нсии

Grammatik

Possessivpronomina

Мой папа – журналист.
Твой брат уже работает?
Наш кот уже старый.
Ваш муж - врач?

Моя́ дочка - балерина.
Твоя́ сестра еще учится?
На́ша собака большая.
Ва́ша жена сейчас на даче?

Это **мои́** петербу́ргские знакомые.
Твои́ сёстры еще учатся?
На́ши московские друзья сейчас в Париже.
Как **ва́ши** родители?

Adverbia enden meistens auf -o

норма́льно, замеча́тельно, взаи́мно, и́менно, всё равно́

Instrumental

с тобой (mit dir), **с вами** (mit Ihnen, mit euch)

Genitiv

Я из Новосибирска. Ich bin aus Novosibirsk.

Урок шестой

Audio 6_1

Ско́лько вам лет?

Wie alt sind Sie?

- Сколько вам лет?
- Мне двадцать один год.

- Наташа, сколько тебе лет?
- Мне семнадцать лет.
- А Ольге?
- Ей четырнадцать.

- Наташа, у тебя есть брат?
- Да, есть. Его зовут Борис.
- Сколько ему лет?
- Ему двадцать два года.

- оди́н год
- два, три, четы́ре го́да
- пять, ... лет

- У тебя есть брат?
- У меня даже два брата.
- Как их зовут?
- Коля и Петя.
- А сколько им лет?
- Младшему, Коле, одиннадцать, а старшему четырнадцать, они учатся в школе.

- мла́дший брат — jüngerer Bruder
- ста́ршая сестра́ — ältere Schwester

Audio 6_2

Die Zahlen von 11 – 21

11	оди́ннадцать	16	шестна́дцать	21	два́дцать оди́н
12	двена́дцать	17	семна́дцать		
13	трина́дцать	18	восемна́дцать		
14	четы́рнадцать	19	девятна́дцать		
15	пятна́дцать	20	два́дцать		

Audio 6_3

Как ты ду́маешь?

Was meinst du?

- Как ты думаешь, сколько лет австрийскому президенту?
- Не знаю, мне кажется, ему лет семьдесят.
- А сколько лет английской королеве?
- Ей, наверное, уже за восемьдесят.

ду́мать denken

короле́ва Königin

Мне ка́жется, ему́ лет се́мьдесят.

Ich glaube, er ist ungefähr siebzig.

Ей, наве́рное, уже́ за во́семьдесят.

Sie ist wahrscheinlich schon über 80.

- Как ты думаешь, сколько лет Анне Нетребко?
- Анне Нетребко? Ей, наверное, лет тридцать - тридцать пять.
- А её сыну? Сколько ему?
- Он еще маленький, ему годика три - четыре.

Ско́лько лет его́ до́чке?

Wie alt ist seine Tochter?

- Как ты думаешь, сколько лет нашему новому начальнику, Валерию Николаевичу?
- Ему, наверное, ещё нет и сорока.

нача́льник Chef

Ему́, наве́рное, ещё нет и сорока́.

Er ist wohl noch keine 40.

Audio 6_4

Die Zahlen von 10 – 100

10	де́сять	60	шестьдеся́т
20	два́дцать	70	се́мьдесят
30	три́дцать	80	во́семьдесят
40	со́рок	90	девяно́сто
50	пятьдеся́т	100	сто

Audio 6_5

Как вы думаете, сколько лет этим людям?

● лю́ди Leute

● Ско́лько лет ва́шему му́жу?

Wie alt ist Ihr Mann?

- Зина, сколько вам лет?
- Мне тридцать два года.
- А вашему мужу?
- Он на два года старше меня.

● Он на́ два го́да ста́рше меня́.

Er ist um zwei Jahre älter als ich.

- Иван, сколько лет вашей жене?
  Она моложе вас?
- Да, на два года. Ей как раз завтра исполняется 30 лет.
- А вашему сыну?
- Ему уже двенадцать.
- Какие вы молодые родители!

● моло́же jünger als

● за́втра morgen

● Ей как раз за́втра исполня́ется 30 лет.

Genau morgen hat sie ihren 30. Geburtstag.

Audio 6_6

Ско́лько лет ва́шим роди́телям?
Wie alt sind Ihre (eure) Eltern?

- Зоя, сколько лет твоим родителям?
- Маме пятьдесят три.
- А твоему отцу?
- Он на пять лет старше мамы.
- А твой брат? Он старше тебя?
- Нет, он младше меня на год.

- ста́рше älter als
- мла́дше jünger als

Мы с ним рове́сники.
Wir sind gleich alt.

- Вера, сколько лет твоему московскому другу?
- Мы с ним ровесники. Ему, как и мне, девятнадцать лет. А знаешь, он сейчас учится в Америке.
- И ему там нравится?
- Да, очень.

- как и wie (auch)

Ему́ там нра́вится?
Gefällt es ihm dort?

- Как твоя бабушка, Марья Алексеевна?
- Ты знаешь, она молодец. Ей уже 80 лет, у нее пять внуков и две правнучки. И она им еще печет пироги.
- Это замечательно!

- молоде́ц alle Achtung!
- внук Enkel
- пра́внучка Urenkelin

Она им ещё печёт пироги́.
Sie bäckt ihnen immer noch Kuchen.

сын, дочка, брат, сестра́, дя́дя Onkel, *тётя* Tante, *ба́бушка, де́душка* Großvater

Audio 6_7

Audio 6_8

Audio 6_9

Fragen 6.1

Аудирование к шестому уроку

Кому сколько лет? Кто кого старше? Кто кого моложе?

сосéдка Nachbarin
намнóго um vieles
вчерá gestern
ей ещё нет и тридцатú sie ist noch keine 30
по-мóему meiner Meinung nach
как мúнимум mindestens
тóчно genau
никтó niemand
мóжет vielleicht

Текст к шестому уроку

Audio 6_10

Fragen 6.2

У меня есть друг. Его зовут Владимир. Я зову его просто Володя. Мы ровесники. Володе, как и мне, девятнадцать лет, мы вместе учимся в консерватории. Володя играет на скрипке, а я на рояле. У Володи есть сестра Наташа, она на два года младше его. Их родители ещё молодые: маме, Ольге Петровне, 38 лет, а отцу, Сергею Михайловичу, 41. Мне очень нравится эта семья, особенно Наташа. Она очень красивая, весёлая девушка. Как и Володя, она очень музыкальная. Особенно ей нравится танцевать, она учится в балетной школе.

про́сто	einfach	**семья́**	Familie
вме́сте	gemeinsam	**осо́бенно**	besonders
игра́ть	spielen	**весёлый**	fröhlich
скри́пка	Violine	**роя́ль** m.	Klavier, Flügel

Слова и грамматика шестого урока

Ско́лько вам лет?	Wie alt sind Sie?
Как ты ду́маешь?	Was meinst du? Was denkst du?
Мне кажется, ему́ лет се́мьдесят.	Mir scheint, er ist ungefähr siebzig.
Ей, наве́рное, уже́ за во́семьдесят.	Sie ist wahrscheinlich schon über achtzig.
Ему́, наве́рное, еще нет и сорока́.	Er ist wohl noch keine 40.
Ско́лько лет ва́шему му́жу?	Wie alt ist Ihr Mann?
Ско́лько лет его́ до́чке?	Wie alt ist seine Tochter?
Он на́ два го́да ста́рше меня́.	Er ist um zwei Jahre älter als ich.
Ей как раз за́втра исполня́ется 30 лет.	Genau morgen hat sie ihren 30. Geburtstag.
Ско́лько лет твоим роди́телям?	Wie alt sind deine Eltern?
Мы рове́сники.	Wir sind gleich alt.
Ему́ там нра́вится?	Gefällt es ihm dort?
Она им еще печёт пироги́.	Sie bäckt ihnen immer noch Kuchen.
Ты что!	Was fällt dir ein! Wo denkst du hin!

ду́мать	denken	год (Gen. Pl. лет)	Jahr
мне ка́жется	mir scheint	Молодец!	Alle Achtung!
мне нра́вится	mir gefällt	муж	Ehemann
за́втра	morgen	лю́ди	Leute
как раз за́втра	gerade morgen	короле́ва	Königin
наве́рное	wahrscheinlich	нача́льник	Chef
ско́лько	wie viel	внук	Enkel
как и	wie (auch)	пра́внучка	Urenkelin
шесто́й	sechster	де́душка	Großvater
ста́рше	älter als	дя́дя	Onkel
моло́же/мла́дше[1]	jünger als	тётя	Tante
мла́дшая сестра́	jüngere Schwester	пиро́г	Kuchen
ста́рший брат	älterer Bruder	печь	backen
рове́сник	Gleichaltriger	за́втра	morgen

австри́йский президе́нт　　　англи́йская короле́ва

[1] Die Form **мла́дше** wird bei Geschwistern angewendet.

Grammatik

Dativ *кому?*

Substantiva und Adjektiva

Австри́йск**ому** президе́нт**у** 70.
Ста́рш**ему** бра́т**у** девятнадцать лет.
Сколько лет Вале́р**ию** Петро́вич**у**?

Англи́йск**ой** короле́в**е** уже за 80.
Мла́дш**ей** сестр**е́** девять лет.
Мар**и́и**[1] Степа́новн**е** уже за семьдесят.

Что нравится иностранн**ым** турист**ам**?

Personalpronomina

Мне двадцать три года.
Сколько **тебе́** лет?
Ему́ двенадцать лет.
Ей уже за восемьдесят.

Нам нравится Париж.
Вам сколько лет?
Им нравится Чайковский.

Possessivpronomina

Моему́ папе пятьдесят лет.
Сколько лет **твоему́** брату?
На́шему институту уже за сто лет.
Ва́шему врачу́ сколько лет?
Мои́м родителям нравится Рим.
Твои́м друзьям нравится Зальцбург?

Мое́й маме сорок семь лет.
Сколько лет **твое́й** сестре?
На́шей собаке только два года.
Ва́шей учительнице сколько лет?
На́шим соседям нравится джаз.
Ва́шим детям нравится футбол?

➡ **Die Possessivpronomina der 3. Person** его, ее, их **werden nicht dekliniert:**
Сколько лет **её** сыну? Сколько лет **его** дочке?
Детям нравится рок, а **их** родителям не нравится.
У **её**[2] брата много денег. У **его** жены новая шуба (Pelzmantel).

[1] Die Feminina auf **-ия** enden im Dativ Singular auf **–ии**.
[2] Die Possessivpronomina der 3. Person **его, её, их** bleiben auch nach Präpositionen ohne **н**-Vorschlag.

Genitiv des Vergleichs

моложе **меня** jünger als ich
старше **тебя** älter als du

Die russischen Zahlwörter sind Substantiva. Sie werden dekliniert.

Ему еще нет и **сорокá**.
Ей еще нет **тридцатú**.

Rektion der Zahlwörter

➡ Substantiva

Nominativ Singular nach **один**, двадцать **один**, тридцать **один** ...
Мне двадцать **один** год.
У меня **одна** сестра.

Genitiv Singular nach **два, три, четы́ре,** двадцать **два**, сорок **три** ...
Мне тридцать **четы́ре гóда**.
У меня **три брáта и две сестры́**.

Genitiv Plural nach allen anderen Zahlen
Дедушке **девянóсто лет.**
В нашей группе **двенáдцать студéнтов.**

➡ Adjektiva

Genitiv Plural[1] nach **allen Zahlen** außer один.
У меня **два родны́х языкá.**

Schau dir die Seiten 165 ff an!
Da gibt es eine „Übersicht über das Kasussystem des Russischen in Mustersätzen“

[1] Für die weiblichen Adjektiva gibt es zwei Varianten: две молодых (молодые) женщины

Was du schon alles kannst:

- jemanden auf Russisch begrüßen,
- dich selber und jemand anderen vorstellen,
- Gespräche über Familien führen,
- dich nach dem Alter von Personen erkundigen,
- Zahlwörter und ihre Rektion,
- die wichtigsten Kasusformen des Russischen.

7

Урок седьмой

Audio 7_1

Кто в ва́шей семье́ занима́ется му́зыкой?

Wer in Ihrer Familie macht Musik?

Вы игра́ете на саксофо́не?

Spielen Sie Saxophon?

- Вы играете на фортепьяно?
- Да, иногда. Но нашим соседям не нравится, когда я играю. Поэтому играю я редко.

иногда́	manchmal
сосе́ди	Nachbarn
когда́	wenn, wann
по́этому	deshalb
ре́дко	selten

- Наташа замечательно играет на флейте.
- Да, конечно, она же учится в консерватории.

коне́чно	natürlich
же	ja, doch

Ра́ньше я хорошо́ игра́ла на скри́пке.

Früher habe ich gut Geige gespielt.

- Ты ещё занимаешься музыкой?
- Уже нет.
- Но раньше ты же хорошо играла на скрипке?
- Да, но сейчас мне больше нравится слушать музыку.

уже́ нет	nicht mehr
ра́ньше	früher
слу́шать	horchen, hören

Audio 7_2

Ты игра́ешь на гита́ре?

Kannst du Gitarre spielen?

-Ты играешь на гитаре?
- Нет, уже не играю. Я учился, но потом бросил.
- Почему? Тебе было неинтересно?
- Просто мне не хватило терпения.

- бро́сить aufgeben
- про́сто einfach
- терпе́ние Geduld

Тебе́ бы́ло неинтере́сно?

Hat es dich nicht interessiert?

Мне не хвати́ло терпе́ния.

Mir fehlte die Geduld.

кларне́т, бараба́н Trommel, *саксофо́н, труба́* Trompete, *гита́ра, эле́ктрогита́ра, виолонче́ль - на виолонче́ли, уда́рные - на уда́рных* Schlagzeug

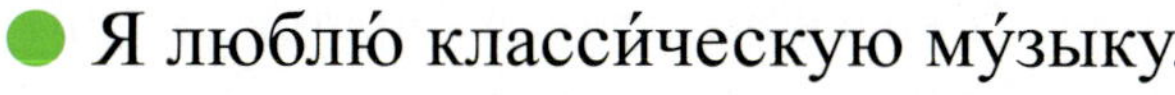

Я люблю́ класси́ческую му́зыку.

Ich liebe klassische Musik.

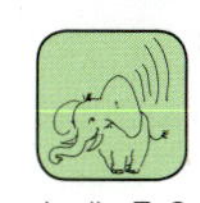
Audio 7_3

- Вы любите классическую музыку?
- Да, люблю. Я часто хожу на концерты и дома слушаю музыку. Я очень люблю Моцарта.
- А мне больше всего нравится музыка Чайковского.

- ча́сто oft
- до́ма zu Hause

Мне бо́льше всего́ нра́вится му́зыка Чайко́вского.

Mir gefällt am besten die Musik von Tschajkovskij.

Audio 7_4

Что тебе́ бо́льше нра́вится?
Was gefällt dir besser?

- Володя, что тебе больше нравится: джаз или классическая музыка?
- Мне больше нравится рок-музыка. Но маме не очень нравится, когда я слушаю рок.

Ма́ме не нра́вится, когда́ я слу́шаю рок-му́зыку.
Meine Mutter hat es nicht gern, wenn ich Rock höre.

совреме́нная zeitgenössisch *музыка, поп-музыка, эстра́дная музыка* Unterhaltungsmusik, *фолькло́рная музыка, тяжёлый рок, металлоро́к, рэп, те́хно, ха́ус, хип-хоп*

Audio 7_5

Fragen 7.1

Текст к седьмому уроку

У меня есть подруга, её зовут Ира. Мы дружим с ней уже много лет. Ей тридцать один год, она младше меня на год. Она музыкант. Ирина окончила консерваторию в Саратове и сейчас работает в музыкальной школе. Она играет на фортепьяно и на гитаре. Ира хороший специалист, она любит свою работу. Коллеги её ценят и уважают, а ученики очень любят. В свободное время Ира с друзьями часто ходит на дискотеку или на концерты старинной музыки.

Мы дру́жим с ней уже́ мно́го лет.
Wir sind schon viele Jahre befreundet.

Она лю́бит свою́ рабо́ту.
Sie liebt ihre Arbeit.

музыка́нт	Musiker, Musikerin	стари́нная му́зыка	Alte Musik
око́нчить	abschließen	уважа́ть	achten
цени́ть	schätzen	учени́к	Schüler
в свобо́дное вре́мя	in der Freizeit	колле́га	Kollege, Kollegin

Слова и грамматика седьмого урока

Кто в ва́шей семье́ занима́ется му́зыкой? Wer in Ihrer Familie macht Musik?
Ра́ньше я хорошо́ игра́ла на скри́пке. Früher habe ich gut Geige gespielt.
Ты игра́ешь на гита́ре? Kannst du Gitarre spielen?
Тебе бы́ло неинтере́сно? Hat es dich nicht interessiert?
Мне не хвати́ло терпе́ния. Mir fehlte die Geduld.
Я люблю́ класси́ческую му́зыку. Ich liebe klassische Musik.
Я люблю́ слу́шать Мо́царта. Ich höre gerne Mozart.
Что тебе́ бо́льше нра́вится? Was gefällt dir besser?
Мне бо́льше всего́ нра́вится му́зыка Чайко́вского. Am besten gefällt mir die Musik von Tschajkovskij.
Ма́ме не нра́вится, когда́ я слу́шаю рок-му́зыку. Meine Mutter hat es nicht gern, wenn ich Rock höre.

люби́ть gern haben, mögen, lieben

я люблю́	мы лю́бим
ты лю́бишь	вы лю́бите
он, она лю́бит	они лю́бят

занима́ться sich beschäftigen mit

я занима́юсь	мы занима́емся
ты занима́ешься	вы занима́етесь
он, она занима́ется	они занима́ются

мне нра́вится	mir gefällt	коне́чно	natürlich
очень нра́вится	gefällt sehr gut	же	ja, doch
быть	sein	уже́ нет	nicht mehr
бро́сить	aufgeben	ра́ньше	früher
хвати́ло	es reichte	бо́льше	mehr
игра́ть	spielen	бо́льше всего́	am meisten
слу́шать	horchen	седьмо́й	siebter
иногда́	manchmal	скри́пка	Geige
когда́	wenn, wann	терпе́ние	Geduld
про́сто	einfach	семья́	Familie
ре́дко	selten	сосе́д, Pl. сосе́ди	Nachbar
поэ́тому	deshalb		

(не)интере́сно	саксофо́н	класси́ческая му́зыка	концерт
гита́ра	флейта	фортепьяно	джаз

Grammatik

Verben

Die Formen der **Vergangenheit** (des Präteritums) **unterscheiden** sich im Russischen nicht nach der Person, sondern **nach Geschlecht und Zahl**.

Anstelle der Infinitivendung -**ть** steht im Singular-**л, -ла, -ло,** im Plural **-ли**.

Игорь **бросил** играть на гитаре.
Надя **закончила** консерваторию.
Ему не **хватило** терпения.
Раньше вы же хорошо **играли** на скрипке.

Anstelle der Infinitivendung **-ться** steht **-лся, -лась, -лось, -лись**

Володя раньше **учился** в консерватории.
В молодости Мария Степановна **занималась** спортом.
Мы с ним вместе **учились** во Франции.

Akkusativ *кого? что?*

➡ Singular

Eine **eigene Form** für den Akkusativ haben nur die **Feminina im Singular:**

Feminina Я люблю класси́ческ**ую** му́зык**у**.
Он часто слушает эстра́дн**ую** му́зык**у**.
Мо**ю́** мла́дш**ую** сестр**у́** зовут Ирина.
Мо**ю́** тёт**ю** зовут Лена.
Она часто ходит в консервато́р**ию** на концерты.

„Unbelebte" Maskulina und Neutra: **Akkusativ = Nominativ**

Иван Иванович любит джаз.
Боря любит тяжёлый рок.

„Belebte" Maskulina (Personen und Tiere): **Akkusativ = Genitiv**

Я люблю Мо́царт**а**, Ба́х**а** и Чайко́вск**ого**.[1]
Мо**его́** бра́т**а** зовут Иван.
На́ш**его** сиа́мск**ого** кот**а́** зовут Васька.
Мо**его́** па́рн**я** зовут Костя.

[1] Familiennamen, die ihrer Form nach Adjektiva sind, werden adjektivisch dekliniert.

➡ Plural

Belebt: Akkusativ = Genitiv (auch Feminina)

Как зовут вá**ших** студéнт**ов**?
Я люблю мо**и́х** шкóльн**ых** подруг.
Нá**ших** знакóм**ых** зовут Саша и Маша.
Мо**и́х** сестёр зовут Вера и Наташа.
Как зовут тво**их** родител**ей**?

Unbelebt: Akkusativ = Nominativ

Я часто хожу на концерт**ы**.

Dativ *кому?*

Тебе интересно?
Мне было неинтересно.

Instrumental *чем?*

Ты занимаешься мýзык**ой**?
Борис занимается спóрт**ом.**

Genitiv der Possessivpronomina

У **моегó** отца есть фирма.
У **твоегó** брата есть дача?
Это «Мерседес» **нáшего** директора.
У **вáшего** папы есть мотоцикл?

Это сумка **моéй** подруги.
У **твоéй** сестры есть гитара?
Это дом **нáшей** учительницы.
У **вáшей** мамы есть машина?

Это учитель **мои́х** подруг.
У **твои́х** соседей есть телевизор?
Это друг **нáших** родителей.
Это фирма **вáших** друзей?

Урок восьмой

Я катаюсь на велосипеде. А ты?

По выходным мы с Олегом часто катаемся на лыжах.

Леночка любит кататься на санках.

Осторожно! Кататься на коньках опасно!

Вы тоже катаетесь на роликах?

Ещё вчера они катались на мотоцикле.

ката́ться на лы́жах Ski fahren
по выходны́м an Wochenenden
ча́сто oft
коньки́ Eislaufschuhe
Осторо́жно! Vorsicht!
опа́сно gefährlich
вчера́ gestern
са́нки Schlitten
мы с Олегом Oleg und ich

Ты занима́ешься спо́ртом?

Treibst du Sport?

- Ты любишь кататься на лыжах?
- Не очень, мне больше нравятся коньки.

- Коля, ты занимаешься спортом?
- Конечно, летом играю в футбол, катаюсь на велосипеде, бегаю, плаваю. А зимой катаюсь на коньках и на лыжах.
- Какой ты спортивный!

- ле́том im Sommer
- бе́гать laufen
- пла́вать schwimmen
- зимо́й im Winter

Кака́я ты спорти́вная!

Bist du aber sportlich!

ката́ться:	*на го́рных лы́жах* Alpinskier, *на беговы́х лы́жах* Langlaufskier
игра́ть:	*в волейбо́л, в гольф, в те́ннис, в баскетбо́л, в хокке́й, в ре́гби, в гандбо́л, в бадминто́н, в насто́льный те́ннис* Tischtennis
занима́ться:	*йо́гой, гимнастикой, дзюдо́, да́йвингом, альпини́змом*
ходи́ть:	*в го́ры* in die Berge, *на трениро́вку, на пробе́жку* joggen
	тренирова́ться, в фитнесце́нтр, в тренажёрный зал

Ты лю́бишь смотре́ть телеви́зор?

Siehst du gerne fern?

- Ты часто смотришь телевизор?
- Нет, его у нас даже нет.
- А почему?
- Раньше у нас был телевизор, но он сломался. Я, правда, рада, что у нас нет телевизора.
- А почему?
- Я не люблю телевизор.
- Я тоже не очень люблю телевизор, смотрю по нему только новости и спорт.

- да́же не(т) nicht einmal
- почему́ warum
- слома́лся kaputt gegangen
- пра́вда allerdings, zwar
- рад froh
- то́лько nur
- но́вости Nachrichten

Ра́ньше у нас был телеви́зор. Früher hatten wir einen Fernseher.

Ра́ньше у меня была́ гита́ра. Früher hatte ich eine Gitarre.

Дава́й сыгра́ем в ша́хматы!

Spielen wir Schach!

Audio 8_4

- Давай сыграем в шахматы!
- А я не умею.

уме́ть können

Что ты де́лаешь в свобо́дное вре́мя?

Was machst du in der Freizeit?

- Что ты любишь делать в свободное время?
- Ты знаешь, я очень ленивый человек. Я люблю лежать на диване, люблю слушать музыку, читать.
- А вечером? Что ты делаешь по вечерам?
- Иногда хожу к друзьям, иногда на концерт.
- А спортом ты занимаешься?
- Я с удовольствием смотрю по телевизору футбол. А сам играю в шахматы. Это ведь тоже вид спорта.

лени́вый faul
лежа́ть liegen
чита́ть lesen
по вечера́м an den Abenden
с удово́льствием mit Vergnügen
сам selbst
ведь doch, ja
вид Art

Иногда́ хожу́ к друзья́м.

Manchmal geh ich zu Freunden.

Каки́е переда́чи вы смо́трите по телеви́зору?

Welche Sendungen seht Ihr euch im Fernsehen an?

детекти́вный фильм Krimi, *документа́льный фильм* Dokumentarfilm, *мультфи́льм* Zeichentrickfilm, *фильм у́жасов* Horrorfilm, *худо́жественный фильм* Spielfilm, *три́ллер* Thriller, *ска́зка* Märchen, *коме́дия, мелодра́ма, нау́чная фанта́стика* Science-Fiction, *боеви́к* Actionfilm, *ве́стерн, ток-шо́у* Talkshow, *сериа́лы* Fernsehserien, *мы́льная о́пера* Seifenoper, *кулина́рная переда́ча* Kochsendung, *развлека́тельная переда́ча* Unterhaltungssendung

Audio 8_5

Audio 8_6

Fragen 8.1

Аудирование к восьмому уроку

Кто чем занимался раньше?

в мóлодости in der Jugend, ***плóхо*** schlecht, ***гость*** Gast, ***в дéтстве*** in der Kindheit, ***пять лет назáд*** vor fünf Jahren, ***регуля́рно*** regelmäßig, ***катóк*** Eislaufplatz, ***он плóхо учи́лся в шкóле*** er war ein schlechter Schüler, ***оркéстр, клуб***

Текст к восьмому уроку

Audio 8_7

Fragen 8.2

Познакомьтесь, это Смирновы. Иван Петрович - врач, он работает в больнице. Ему сорок два года, он женат. Его жену зовут Ирина Ивановна. Она работает в театре, она актриса. У них трое детей: две девочки и мальчик. Сына зовут Коля, ему восемнадцать лет, он уже учится в университете, на биологическом факультете. Девочек зовут Зоя и Галя. Зое шестнадцать лет, а Гале пятнадцать, обе ещё учатся в школе. Зоя любит музыку, она учится в музыкальной школе, играет в оркестре на виолончели. А Галя любит спорт: летом она играет в теннис, а зимой катается на коньках и на лыжах. Иван Петрович спортом не занимается, он любит гулять с собакой, иногда они с сыном играют в шахматы. Ирина Ивановна много читает, и не только русскую литературу. Ей нравятся и французские романы, и английские детективы. У неё дома целая библиотека. У Смирновых есть большой чёрный кот и маленькая собачка. Собаку зовут Жучка, а кота - Васька.

он жена́т	er ist verheiratet
актри́са	Schauspielerin
тро́е дете́й	drei Kinder
гуля́ть	spazieren (gehen)
це́лый	ganz
о́ба, о́бе	beide
Обе (девочки) учатся в школе.	
Оба (мальчика) играют.	
чёрный	schwarz

Слова и грамматика восьмого урока

Ты занима́ешься спо́ртом?	Treibst du Sport?
Како́й ты спорти́вный!	Bist du aber sportlich!
Ты лю́бишь смотре́ть телеви́зор?	Siehst du gerne fern?
Ра́ньше у нас был телеви́зор.	Früher hatten wir einen Fernseher.
Ра́ньше у меня была́ гита́ра.	Früher hatte ich eine Gitarre.
Что ты де́лаешь в свобо́дное вре́мя?	Was machst du in der Freizeit?
По вечера́м хожу́ к друзья́м.	Abends gehe ich zu Freunden.
Каки́е переда́чи вы смо́трите по телеви́зору?	Welche Sendungen seht ihr euch im Fernsehen an?

смотре́ть schauen
- смотрю́
- смо́тришь
- смо́трят

уме́ть können, erlernt haben
- уме́ю
- уме́ешь
- уме́ют

лежа́ть liegen
- лежу́
- лежи́шь
- лежа́т

тренирова́ться
- трениру́юсь
- трениру́ешься
- трениру́ются

по + Dat. по телеви́зору, по вечера́м, по выходны́м
к + Dat. zu Иногда я хожу́ к друзья́м.

с + Instr. mit Мы с Олегом катаемся на лыжах.
Я с удовольствием смотрю по телевизору футбол.
Школа с языковым уклоном.

игра́ть на + Präp. spielen (Instrument)
игра́ть в + Akk. spielen (Spiel, Sportart)

смотре́ть телевизор	fernsehen	вчера́	gestern
ката́ться на лы́жах	Ski fahren	то́лько	nur
дава́й сыгра́ем	Spielen wir!	ча́сто	oft
слома́ться	kaputt gehen	опа́сно	gefährlich
бе́гать	laufen	вре́мя n.	Zeit
пла́вать	schwimmen	свободно́е вре́мя	Freizeit
чита́ть	lesen	пра́вда	zwar
де́лать	tun, machen	почему́	warum
по выходны́м	an Wochenenden	како́й	was für ein
по вечера́м	an den Abenden	осторо́жно	Vorsicht!
да́же не(т)	nicht einmal	переда́ча	Sendung
сам, сама́, са́ми	selbst	но́вости	Nachrichten
восьмо́й	achter	вид	Art
ле́том	im Sommer	удово́льствие	Vergnügen
зимо́й	im Winter	лени́вый	faul
ве́чером	am Abend	свобо́дный	frei
у́тром	am Morgen	лы́жи, нет лыж	Schier
днём	tagsüber	ро́лики, нет ро́ликов	Rollschuhe
но́чью	nachts	коньки́, нет конько́в	Eislaufschuhe
ведь	doch	са́нки, нет са́нок	Schlitten

велосипе́д спорти́вный спорт телеви́зор дива́н мотоци́кл ша́хматы

Grammatik

Instrumental Singular *кем? чем?*

➡ Ohne Präposition

занимáться спóрт**ом**
занимáться мýзык**ой**

лéт**ом**	лéто (Sommer)
зим**óй**	зимá (Winter)
ýтр**ом**	ýтро (Morgen)
вéчер**ом**	вéчер (Abend)
дн**ём**	день (Tag)
нóчь**ю**	нóчь f. (Nacht)

➡ Mit Präposition

с удовóльстви**ем**
мы **с** Олéг**ом**
за угл**óм**

Präpositiv Plural

на гóрн**ых** лы́ж**ах**	лы́жи
на коньк**áх**	коньки́
на рóлик**ах**	рóлики

Dativ Plural

по вечер**áм**	вечерá
по выходн**ы́м**	выходны́е
к друзь**я́м**	друзья́
к тво**и́м** роди́тел**ям**	роди́тели

Урок девятый

Audio 9_1

Вам мя́со или ры́бу?
Möchten Sie Fleisch oder Fisch?

- Вам мясо или рыбу?
- Мне, пожалуйста, рыбу.
- Вам тоже рыбу?
- Нет, мне, пожалуйста, мясо, я не люблю рыбу.

Что вы бу́дете пить?
Was werden Sie trinken?

- Что вы будете пить?
- У вас есть сок?
- Конечно, есть. Какой вам сок, апельсиновый, томатный или яблочный?
- Мне, пожалуйста, апельсиновый сок.
- Мне, пожалуйста, томатный сок.
- Мне, пожалуйста, минеральную воду.
- Мне, пожалуйста, яблочный сок с минеральной водой.

● сок Saft

● я́блоко Apfel

Audio 9_2

Мне кра́сное вино́ бо́льше нра́вится, чем бе́лое.

Mir schmeckt Rotwein besser als Weißwein.

- Вам вино, пиво, шампанское?
- Мне, пожалуйста, белое вино.
- А мне красное вино. Оно мне больше нравится.
- За ваше здоровье!
- За наше знакомство!

- пи́во Bier
- знако́мство Bekanntschaft

За ва́ше здоро́вье!

Auf Ihre Gesundheit!

Вам ко́фе с са́харом и с молоко́м?

Möchten Sie Kaffee mit Zucker und Milch?

- Вам кофе?
- Да, пожалуйста.
- С сахаром?
- Да, с сахаром и с молоком, если есть.
- Есть сливки.
- Хорошо, дайте кофе со сливками.
- Пожалуйста.

- са́хар Zucker
- молоко́ Milch
- е́сли wenn, falls
- сли́вки Obers
- дать geben

- Вам кофе?
- Да, пожалуйста.
- С молоком?
- Нет, без молока.
- С сахаром?
- Нет, спасибо. Я пью кофе без молока и без сахара, но иногда с коньяком.

- без молока́ ohne Milch
- пить trinken

Audio 9_3

Мóжет, конфéты?
Vielleicht Bonbons?

- Вам чай?
- Да, пожалуйста.
- С сахаром?
- Нет, мне без сахара.
- Может, конфеты?
- Конфетку возьму, спасибо.

чай Tee

Конфéтку возьмý.
Ein Bonbon nehme ich.

грана́товый сок Granatapfelsaft, *виногра́дный сок* Traubensaft, *вишнёвый сок* Weichselsaft, *клю́квенный морс* Moosbeerennektar, *кисе́ль* Fruchtsaftgelee, *ром, горя́чий шокола́д* heiße Schokolade, *квас, кефи́р, сгущёнка* Kondensmilch

Audio 9_4

Комý чай?
Wer möchte Tee?

- Кому чай?
- Мне, пожалуйста. У вас есть лимон?
- Да, есть.
- Тогда дайте мне, пожалуйста,
  чашку чая с лимоном.
- Шоколадку возьмете?
- Да, возьму. Мне нравится этот шоколад.

тогда́ dann

ча́шка Tasse

Мне нрáвится э́тот шоколáд.
Mir schmeckt diese Schokolade.

стака́н холо́дной воды́, рю́мка ру́сской во́дки Stamperl, *бока́л бе́лого вина́* Kelch, Glas, *буты́лка шампа́нского* Flasche, *ча́шка чёрного ча́я*

Audio 9_5

Ешь, а то осты́нет!
Iss, sonst wird es (das Essen) kalt!

А я не буду есть ку́рицу, я вегетариа́нка!
Ich werde das Huhn nicht essen!

Сейча́с посмотрю́.
Ich schaue gleich nach.

- Добрый вечер, вы заказывали столик?
- Нет, а у вас есть свободные места?
- Сейчас посмотрю. Вам в зале для курящих или для некурящих?
- В зале для некурящих, пожалуйста.
- Вас двое?
- Нет, трое. Ещё одна девушка подойдёт чуть позже.
- Так … есть один свободный столик у окна.
- Спасибо.

зака́зывать bestellen
стол Tisch
ме́сто Platz
для куря́щих für Raucher
Вас дво́е? Sind Sie zu zweit?
окно́ Fenster

Она́ подойдёт чуть по́зже.
Sie kommt etwas später.

Прия́тного аппети́та!

Ты уже́ вы́брала?

Hast du dir schon etwas ausgesucht?

- Добрый вечер, что будете заказывать?
- Мне, пожалуйста, шашлык из свинины и минеральную воду без газа. Таня, а ты уже выбрала?
- Ещё нет. Скажите, а у вас есть вегетарианские блюда?
- Да, посмотрите вот здесь.
- Так … Мне тогда, пожалуйста, грибную солянку со сметаной и жареную картошку с овощами.
- Хорошо, а что будете пить?
- Зелёный чай.
- Чай сразу принести?
- Да, пожалуйста.
- Сейчас принесу.

- шашлы́к Schaschlik, Spieß
- свини́на Schweinefleisch
- блю́до Speise, Gericht
- соля́нка Krauteintopf
- смета́на Sauerrahm
- гриб Pilz
- жа́реный gebraten
- о́вощи Gemüse
- зелёный grün
- сра́зу gleich, sofort

Чай сра́зу принести́?

Soll ich den Tee gleich bringen?

Ещё что-нибу́дь жела́ете?

Wünschen Sie noch etwas?

Audio 9_7

- Ещё что-нибудь желаете?
- Да, двойной эспрессо и стакан воды, пожалуйста. Таня, ты не хочешь кофе?
- Нет, я больше ничего не хочу.
- Тогда это всё. И принесите счёт, пожалуйста.
- Хорошо. Вам посчитать вместе или отдельно?
- Вместе. И скажите, вы принимаете банковские карты?
- Да, конечно.

- жела́ть wünschen
- двойно́й doppelt
- стака́н Glas
- хоте́ть „möchte", wollen
- ничего́ nichts
- счёт Rechnung
- посчита́ть be-, abrechnen

Вам посчита́ть вме́сте или отде́льно?

Zusammen oder getrennt?

Вы принима́ете ба́нковские ка́рты?

Akzeptieren Sie (Kredit)Karten?

Из литературы

Audio 9_8

Сергей Довлатов (1941-1990)

Соседский мальчик:
«Из овощей я больше всего люблю пельмени ...»

- пельме́ни Fleischtäschchen

Текст к девятому уроку

Audio 9_9

Fragen 9.1

Мы с друзьями любим встречаться в небольшом ресторанчике в центре города. Там тихо, уютно, недорого и, самое главное, там очень вкусно готовят. Обычно мы садимся за столик в углу у окна, если он не занят. Он как раз подходит для нашей большой компании. Если мы собираемся встретиться в выходные, то заранее заказываем столик по телефону. Вечерами и в выходные дни там редко бывают свободные места.

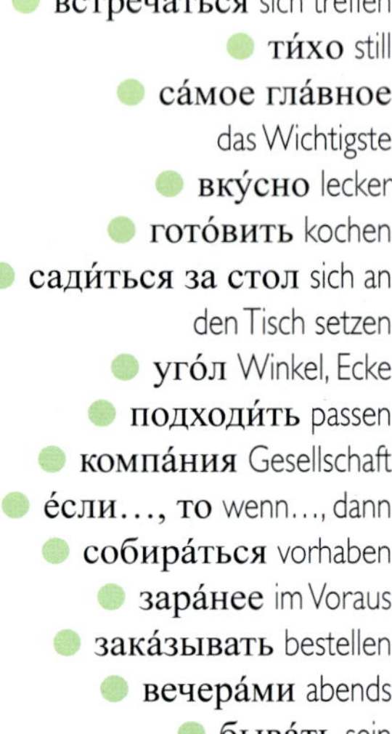

- встреча́ться sich treffen
- ти́хо still
- са́мое гла́вное das Wichtigste
- вку́сно lecker
- гото́вить kochen
- сади́ться за стол sich an den Tisch setzen
- уго́л Winkel, Ecke
- подходи́ть passen
- компа́ния Gesellschaft
- е́сли…, то wenn…, dann
- собира́ться vorhaben
- зара́нее im Voraus
- зака́зывать bestellen
- вечера́ми abends
- быва́ть sein

Audio 9_10

В меню этого ресторана есть блюда и европейской, и традиционной русской кухни. Мой друг Алексей часто заказывает пельмени по-домашнему. Он говорит, что такие пельмени готовит его бабушка. Его девушка Кира следит за своей фигурой, поэтому обычно берёт только греческий салат и свежевыжатый сок. Кирилл – спортсмен и у него хороший аппетит, поэтому он всегда берёт и салат, и суп, и мясо с картофелем.

- ку́хня Küche
- пельме́ни Fleischtaschen
- говори́ть sprechen
- тако́й ein solcher
- обы́чно gewöhnlich
- брать nehmen
- свежевы́жатый сок frisch gepresster Saft

Моя однокурсница Татьяна – вегетарианка. Она обычно выбирает овощи с рисом, грибной суп и зелёный чай. Её подруга Наташа – сладкоежка. Она всегда заказывает капучино и десерт. Там есть десерты на любой вкус – торты, пирожные с кремом, пироги с брусникой, вишнёвый и яблочный штрудель, тирамису и мороженое. Наташа всё попробовала, но больше всего ей нравится торт "Наполеон" и фруктовый салат с медом и орехами. Я же равнодушен к сладостям.

- одноку́рсница Jahrgangskollegin
- гриб Pilz
- сладкое́жка Naschkatze
- всегда́ immer
- любо́й beliebig
- пиро́жное Gebäck
- брусни́ка Preiselbeere
- ви́шня Weichsel
- моро́женое Eis
- мёд Honig
- оре́х Nuss
- сла́дости Süßigkeiten

Мне больше всего нравится острый салат с фасолью и запечённая рыба, здесь её готовят по особому рецепту.

- **о́стрый** scharf, würzig
- **фасо́ль** Bohnen
- **запечённый** überbacken
- **осо́бый** besonderer

Мы были в этом ресторане уже много раз, но будем приходить сюда снова.

- **приходи́ть** kommen
- **сно́ва** wieder

Зоя равноду́шна к сла́достям.
Zoja macht sich nichts aus Süßigkeiten.

Я слежу́ за своей фигу́рой.
Ich achte auf meine Figur.

Аудирование к девятому уроку

Audio 9_11

Audio 9_12

Fragen 9.2

Кто что заказывает? А что будешь заказывать ты?

МЕНЮ

Закуски Vorspeisen		Первые блюда Warme Vorspeisen		Горячие блюда Warme Speisen	
Салат „Оливье“ Salat mit Hühnerfleisch	120 р.	Борщ Rote-Rüben-Suppe	110 р.	Котлеты с картофельным пюре Fleischlaibchen	117 р.
Пирожок с капустой Krauttasche	40 р.	Жюльен Gratinierte Pilze in Rahmsauce	105 р.	Шашлык из баранины Lammspieß	130 р.
Холодец Sülze	130 р.	Пельмени Fleischtascherl	115 р.	Запеканка с грибами Pilzauflauf	90 р.
Винегрет Rote-Rüben-Salat	125 р.	Грибная лапша Nudel-Pilzsuppe	80 р.	Котлеты по-киевски Hühner-Cordon-bleu	125 р.
Сёмга с хреном Lachs mit Kren	145 р.	Рыбная солянка Fischsuppe	110 р.	Блинчики с мясом Fleischpalatschinken	78 р.
Селёдка под шубой Hering im Pelzmantel	137 р.				

Гарнир Beilage		Десерт Nachspeise			
Каша гречневая Buchweizen	35 р.	Торт медовый Honigtorte	70 р.	Блинчики с творогом Topfenpalatschinken	63 р.
Капуста тушёная Gedünstetes Kraut	35 р.	Оладьи со сметаной Hefeteigkrapferl mit Sauerrahm	65 р.	Мороженое Eis	39 р.
		Сырники с изюмом Topfenlaibchen mit Rosinen	61 р.		

насчёт wegen
ве́рно richtig,
гото́в bereit
пожа́луй wohl, wahrscheinlich,
ничего́ не nichts

зака́з Bestellung
ну́жен brauchen
относи́ться к sich beziehen auf
мне хоте́лось бы ich möchte gerne
мо́жет быть vielleicht

Слова и грамматика девятого урока

Вам мя́со и́ли ры́бу?	Möchten Sie Fleisch oder Fisch?
Что вы бу́дете пить?	Was werden Sie trinken?
Мне кра́сное вино́ бо́льше нра́вится, чем бе́лое.	Mir schmeckt Rotwein besser als Weißwein.
За ва́ше здоро́вье!	Auf Ihre Gesundheit!
Вам ко́фе с са́харом и с молоко́м?	Möchten Sie Kaffee mit Zucker und Milch?
Мо́жет, конфе́ты?	Vielleicht Bonbons?
Конфе́тку возьму́.	Ein Bonbon nehme ich.
Кому́ чай?	Wer möchte Tee?
Мне нра́вится э́тот шокола́д.	Mir schmeckt diese Schokolade.
Ешь, а то осты́нет!	Iss, sonst wird es (das Essen) kalt!
Я не бу́ду есть ку́рицу.	Ich werde das Huhn nicht essen.
Сейча́с посмотрю́.	Ich schaue gleich nach.
Она́ подойдёт чуть по́зже.	Sie kommt etwas später.
Прия́тного аппети́та!	Guten Appetit!
Ты уже́ вы́брала?	Hast du dir schon etwas ausgesucht?
Чай сра́зу принести́?	Soll ich den Tee gleich bringen?
Ещё что-нибу́дь жела́ете?	Wünschen Sie noch etwas?
Вам посчита́ть вме́сте и́ли отде́льно?	Zusammen oder getrennt?
Вы принима́ете ба́нковские ка́рты?	Akzeptieren Sie (Kredit)Karten?

Futur des Verbums быть

я бу́ду	мы бу́дем
ты бу́дешь	вы бу́дете
он, она бу́дет	они бу́дут

хоте́ть wollen, „möchte"

я хочу́	мы хоти́м
ты хо́чешь	вы хоти́те
он хо́чет	они хотя́т

принести́ bringen (zu Fuß)

принесу́	принесём
принесёшь	принесёте
принесёт	принесу́т
он принёс, она принесла́	

есть essen

я ем	мы еди́м
ты ешь	вы еди́те
она ест	они едя́т
ешь!	е́шьте!
он ел, она е́ла	

пить trinken

я пью	мы пьём
ты пьёшь	вы пьёте
он пьёт	они пьют
пей!	пе́йте!

Die Formen **принесу́, посмотрю́, возьму́, осты́нет** bezeichnen die Zukunft.

с + **Instrumental** mit
кофе **с** са́хар**ом**
шампа́нское **с** апельси́нов**ым** со́к**ом**
сок с минера́льн**ой** вод**о́й**
кофе **со** свé**жими** сли́вк**ами**

без + **Genitiv** ohne
чай **без** са́хар**а**
без апельси́нов**ого** со́к**а**
сок **без** минера́льн**ой** вод**ы́**
кофе **без** сли́вок

для + **Genitiv** für
место для куря́щ**их** Raucherplatz

за + **Akkusativ**
За ва́ше здоро́вье!

за + **Instrumental**
Она следит за сво**ей** фигур**ой**

заќазывать	bestellen	бо́льше чем	mehr als	молоко́	Milch
принима́ть	annehmen	сра́зу	gleich, sofort	о́вощи	Gemüse
посчита́ть	abrechnen	вода́	Wasser	шашлы́к	Spieß
жела́ть	wünschen	мя́со	Fleisch	блю́до	Speise, Gericht
дать, дайте!	geben	ры́ба	Fisch	соля́нка	Krauteintopf
вы́брать	auswählen	пи́во	Bier	карто́шка	Kartoffeln
подойти́	kommen	сли́вки	Obers	куря́щий	Raucher
мо́жет (быть)	vielleicht	сок	Saft	жа́реный	gebraten
вме́сте	gemeinsam	гриб	Pilz	грибно́й	Pilz-
отде́льно	getrennt	я́блоко	Apfel	я́блочный	Apfel-
по́зже	später	смета́на	Sauerrahm	зелёный	grün
е́сли	wenn	чай	Tee	двойно́й	doppelt
тогда́	dann	стака́н	Glas	бе́лый	weiß
кому́	wem	стол	Tisch	кра́сный	rot
како́й	was für ein	ча́шка	Tasse	свобо́дный	frei
ничего́ не	nichts	ме́сто	Platz	све́жий	frisch
что-нибу́дь	(irgend)etwas	окно́	Fenster	знако́мство	Bekanntschaft
чуть	ein bisschen	счёт	Rechnung	здоро́вье	Gesundheit
девя́тый	neunter	ку́рица	Huhn		

апельси́новый сок
тома́тный сок
коньяќ
минера́льная вода́
ко́фе m.
са́хар
ба́нковская ка́рта
вегетариа́нка
лимо́н
конфе́та
шампа́нское
вегетариа́нец
зал
газ
шокола́дка

Beachte das „untere" л↓ in den Wörtern:
белое вино, молоко, яблоко, пожалуйста, футбол.
Es wird mit steifer Zunge gesprochen und klingt ähnlich wie das englische „tall", fall".

Grammatik

Nominativ Plural der Neutra auf -а
У вас есть свобóдные мест**á**?
У вас есть вегетариáнские блю́д**а**?

Partitiver Genitiv
Дайте мне чашку чёрн**ого** ча́**я** Schwarztee.
Мне стакан минерáльн**ой** вод**ы**.
Дайте нам шампáнск**ого**!

Akkusativ
Мне, пожалуйста, минерáльн**ую** вóд**у.**

Instrumental
Шампáнское с апельси́нов**ым** сóк**ом.**
Яблочный сок с минерáльн**ой** вод**óй**.
Кóфе со свéж**ими** сли́вк**ами**.

Sammelzahlwörter

Нас **двóе**.	Wir sind zu zweit.
У Ивановых **трóе** детей.	Die Ivanovs haben drei Kinder.
Их было **чéтверо**.	Sie waren zu viert.

Was du schon alles kannst:
- dich über Freizeit, Sport, Musik, Fernsehen unterhalten oder schriftlich davon berichten,
- im russischen Restaurant auf russisch bestellen und zahlen.

10 Урок десятый

Audio 10_1

Ско́лько сто́ит э́тот арбу́з?

Wieviel kostet diese Wassermelone?

- Сколько у вас стоят яблоки?
- 70 рублей.
- А черника?
- 150. Берите чернику, она очень свежая!
- И дайте мне ещё два стакана земляники. Сколько с меня?
- С вас 250 рублей.

земляни́ка Walderdbeeren

рубль Rubel

Бери́те черни́ку, она́ о́чень све́жая!

Nehmen Sie die Heidelbeeren, sie sind ganz frisch!

Ско́лько с меня́?

Wieviel bekommen Sie von mir?

сморо́дина Johannisbeeren, *крыжо́вник* Stachelbeeren, *мали́на* Himbeeren, *клубни́ка* Erdbeeren, *ежеви́ка* Brombeeren

Audio 10_2

Die Zahlen von 100 – 1000

100	сто	600	шестьсо́т
200	две́сти	700	семьсо́т
300	три́ста	800	восемьсо́т
400	четы́реста	900	девятьсо́т
500	пятьсо́т	1000	ты́сяча

Сала́т то́лько что привезли́.

Der Salat ist gerade erst geliefert worden.

Audio 10_3

- Салат у вас свежий?
- Конечно, свежий, его только что привезли, и помидоры свежие.
- А сколько стоят помидоры?
- 70 рублей.
- Тогда дайте мне два килограмма помидоров, килограмм огурцов, полкило лука и три пучка салата.
- Пожалуйста. А петрушку возьмёте?
- Сколько стоит пучок?
- 10 рублей.
- Хорошо, петрушку я тоже возьму. Сколько с меня?
- С вас 280 рублей.

помидо́р Tomate
огуре́ц Gurke
по́лкило́ halbes Kilo
лук Zwiebel
пучо́к Büschel
петру́шка Petersilie

морко́вь Karotten, *реди́ска* Radieschen, *укро́п* Dille, *коча́н капу́сты* Krautkopf, *свёкла* Rote Rüben, *пе́рец* Paprika, Pfeffer *чесно́к* Knoblauch, *се́мечки* Sonnenblumenkerne, *ды́ня* Zuckermelone, *гру́ши* Birnen, *абрико́сы* Marillen, *пе́рсики* Pfirsiche, *анана́с*, *баклажа́н* Melanzani, *кабачо́к* Zucchini, *ты́ква* Kürbis, *горо́шек* Erbsen, *кукуру́за* Mais

У вас есть газе́ты на иностра́нных языка́х?

Haben Sie fremdsprachige Zeitungen?

Audio 10_4

- Добрый день!
- Добрый день!
- У вас есть «Новая газета»?
- К сожалению, нет, она уже распродана. Есть «Коммерсантъ» и «Аргументы и факты».
- Хорошо, тогда дайте мне «Коммерсантъ». А газеты на иностранных языках у вас есть?
- Есть «Ле монд», «Франкфуртер алгемайне» и «Зюддойче».
- Тогда дайте мне, пожалуйста, «Зюддойче» и «Ле монд».

«Но́вая газе́та», к сожале́нию, уже́ распро́дана.

Die „Novaja gazeta" ist leider schon ausverkauft.

Audio 10_5

У тебя новые ту́фли! Где купила?

- Таня, привет! У тебя новые туфли! Где купила?
- В торговом центре, там сейчас распродажа.
- И сколько стоят?
- Стоили две с половиной тысячи, я купила за полторы.
- Как дешево!
- Да. Там как раз осталась одна пара моего размера.
- Надо мне тоже туда зайти. Я как раз хотела купить себе босоножки.
- Давай, успевай, пока всё не разобрали!

торго́вый центр Einkaufszentrum
ту́фли leichte Schuhe
распрода́жа Ausverkauf
полови́на Hälfte
полтора́ eineinhalb
дёшево billig
оста́ться (übrig)bleiben
разме́р Kleidergröße
как раз gerade
босоно́жки Sandalen

На́до мне тоже туда́ зайти́.

Da muss ich auch hin

Давай, успевай, пока всё не разобрали!

Beeil dich, bevor alles weg ist!

оди́н	рубль	одна́	ты́сяча
два, три, четы́ре	рубля́	две, три, четы́ре	ты́сячи
пять, ...	рубле́й	пять, ...	ты́сяч

Текст к десятому уроку

Audio 10_6

Fragen 10.1

Я очень люблю ходить по магазинам.

Ich gehe sehr gern einkaufen

Я очень люблю ходить по магазинам. Особенно мне нравятся торговые центры. В них всегда большой выбор одежды, обуви, галантереи, товаров для детей, спорттоваров, а также есть книжный и ювелирный магазины. Чаще всего я хожу за покупками вместе со своей подругой Оксаной. Она всегда советует мне, что купить. У Оксаны хороший вкус и она знает толк в моде. Когда я иду с ней в магазин, я всегда возвращаюсь домой с обновкой.

- **вы́бор** Auswahl
- **оде́жда** Kleidung
- **о́бувь** f. Schuh(werk)
- **галантере́я** Kurzwaren
- **това́р** Ware
- **ча́ще всего́** meistens
- **кни́жный** Buch-
- **поку́пка** Einkauf
- **сове́товать** (be-)raten
- **знать толк** sich auskennen
- **возвраща́ться домо́й** heimkommen
- **обно́вка** Neuanschaffung

Audio 10_7

Мой друг Алексей, наоборот, очень не любит ходить по магазинам. Все покупки он делает по интернету. Недавно он купил себе в интернет-магазине новый телефон и ноутбук. Он говорит, что это очень удобно и недорого. Ещё он хочет купить машину, но пока у него нет денег.

- **наоборо́т** im Gegenteil
- **поку́пка** Einkauf
- **неда́вно** unlängst
- **удо́бно** praktisch
- **до́рого** teuer
- **маши́на** Auto
- **пока́** einstweilen

Audio 10_8

Моя бабушка ни разу не была в торговом центре, но каждую неделю она ходит за продуктами на рынок. Рядом с домом у неё есть супермаркет, но бабушке больше нравится Даниловский рынок. Там есть всё: и хорошее мясо, и свежая рыба, и много овощей и фруктов. Мясо стоит недорого, она его всегда покупает у молодой

- **ни ра́зу не** kein einziges Mal
- **ка́ждую неде́лю** jede Woche
- **проду́кты** Lebensmittel
- **ры́нок** Markt
- **ря́дом с** neben
- **всегда́** immer

женщины из Звенигорода. Картошку, лук, морковь, петрушку и редиску она покупает справа от входа. Там есть и сухофрукты. Их продают мужчины с Кавказа и из Средней Азии. Апельсины, бананы, лимоны и ананасы продают слева от входа. С рынка бабушка всегда возвращается с очень тяжёлой сумкой.

- же́нщина Frau
- продава́ть verkaufen
- сухофру́кты Trockenfrüchte
- мужчи́на Mann
- Кавка́з Kaukasus
- Сре́дняя Азия Mittelasien

Слова и грамматика десятого урока

Ско́лько сто́ит э́тот арбу́з?	Wieviel kostet diese Wassermelone?
Бери́те черни́ку, она́ о́чень све́жая!	Nehmen Sie die Heidelbeeren, sie sind ganz frisch!
Ско́лько с меня́?	Wieviel bekommen Sie von mir?
Сала́т то́лько что привезли́.	Der Salat ist gerade erst geliefert worden.
У вас есть газе́ты на иностра́нных языка́х?	Haben Sie fremdsprachige Zeitungen?
“Но́вая газе́та”, к сожале́нию, уже́ распро́дана.	Die „Novaja gazeta“ ist leider schon ausverkauft.
На́до мне то́же туда́ зайти́.	Da muss ich auch hin
Ско́лько сто́ит слова́рь?	Wieviel kostet das Wörterbuch?
Я о́чень люблю́ ходи́ть по магази́нам.	Ich gehe sehr gern einkaufen.
Дава́й, успева́й, пока́ всё не разобра́ли	Beeil dich, bevor alles weg ist!

с + **Genitiv** von
Сколько с меня?
С вас тридцать пять рублей.

от + **Genitiv** von
слева от входа

за + **Instr.** um
ходить за покупками

ря́дом с + **Instr.** neben
рядом с домом

сове́товать uv. (be-)raten
сове́тую, сове́туешь, сове́туют

продава́ть uv. verkaufen
продаю́, продаёшь, продаю́т

брать uv. nehmen
беру́, берёшь, беру́т
бери́! бери́те!

взять v. nehmen
возьму́, возьмёшь, возьму́т
возьми́! возьми́те!

uv. bedeutet „unvollendeter Aspekt“, **v.** „vollendeter Aspekt“ (Zum Aspekt siehe S. 113).

In den Vokabellisten und den Grammatikseiten wird der Aspekt nur bei vollendeten Verben (v.) gekennzeichnet. Nichtmarkierte Verben sind unvollendet. Bei Aspektpaaren stehen zuerst die Formen des unvollendeten, dann die des vollendeten Aspekts.

покупа́ть kaufen
купи́ть
куплю́, ку́пишь, ку́пят

успева́ть rechtzeitig kommen
успе́ть
успе́ю, успе́ешь, успе́ют

сто́ить	kosten	**всегда́**	immer	**поку́пка**	Einkauf
оста́ться v.	(übrig)bleiben	**ни ра́зу**	kein einziges Mal	**маши́на**	Auto
продава́ть	verkaufen	**до́рого**	teuer	**газе́та**	Zeitung
продава́ться	verkauft werden	**то́лько что**	eben erst	**босоно́жки**	Sandalen
распро́дан	ausverkauft	**вме́сте**	zusammen	**ры́нок**	Markt
привезти́ v.	bringen (fahrend)	**коне́чно**	natürlich	**помидо́р**	Tomate
забы́ть v.	vergessen	**ча́ще всего́**	meistens	**лук**	Zwiebel
возвраща́ться	zurückkommen	**наоборо́т**	im Gegenteil	**пучо́к**	Büschel
мужчи́на	Mann	**тепе́рь**	jetzt, nun	**петру́шка**	Petersilie
же́нщина	Frau	**све́жий**	frisch	**огуре́ц**	Gurke
язы́к	Sprache	**по́лкило́**[1]	halbes Kilo	**арбу́з**	Wassermelone
рубль m.	Rubel	**иностра́нный**	ausländisch	**земляни́ка**	Walderdbeeren
распрода́жа	Ausverkauf	**това́р**	Ware	**проду́кты**	Lebensmittel
полови́на	Hälfte	**полтора́**	eineinhalb	**вкус**	Geschmack
знать толк в + Präp.	sich auskennen	**ка́ждую неде́лю**	jede Woche	**Сре́дняя Азия**	Mittelasien
ря́дом с	neben	**торго́вый**	Handels-	**вы́бор**	Auswahl
та́кже	außerdem, auch	**разме́р**	Größe	**о́бувь** f.	Schuh(werk)
нeда́вно	unlängst	**ту́фли**	leichte Schuhe	**галантере́я**	Kurzwaren
дёшево	billig	**домо́й**	nach Hause	**оде́жда**	Kleidung
удо́бно	praktisch	**пока́**	einstweilen	**Кавка́з**	Kaukasus
деся́тый	zehnter	**кни́жный**	Buch-	**обно́вка**	Neuanschaffung

апельси́н банáн лимо́н ананáс но́утбук интерне́т

➡ Die Wörter: **ры́ба, карто́шка, морко́вь** f.**, реди́ска, виногра́д, черни́ка, изю́м** (Rosinen) stehen als Stoffbezeichnungen im Singular, ähnlich wie im Deutschen „Fleisch".

➡ Die Wörter **мужчи́на** und **же́нщина** sind schwierig auszusprechen, vielleicht hilft Dir die Transkription: **мужчи́на [мущ↑и́на]** **же́нщина [ж↓эінщ↑ина].**

➡ **ъ** (**твёрдый знак**, hartes Zeichen) im Zeitungstitel **Коммерсантъ** entspricht der alten Schreibung (vor 1918). In der heutigen Orthographie steht der Buchstabe zur Bezeichnung von **j** nach Vorsilben: **съесть** (aufessen), **объясни́ть** (erklären).

[1] **по́лкило́** hat zwei Betonungen, weil es aus zwei Wörtern besteht, **по́л** und **кило́**, die noch nicht ganz zusammengewachsen sind.

Урок одиннадцатый

Audio 11_1

Где вы живёте?

Wo wohnen Sie?

- Ты живёшь в Москве?
- Да, я москвичка.
- В каком районе ты живёшь?
- Мы живём в центре, в старом доме на улице Алексея Толстого.
- И вам нравится жить в центре города?
- Да, нам нравится. Всё близко, и театры, и музеи, и галереи. А вы где живёте?
- Мы живём в деревне. Там тоже хорошо. Недалеко лес, речка.

всё бли́зко alles ist nah
дере́вня Dorf
лес Wald
река́ Fluss

- Доброе утро, Иван Иванович, разве вы живёте в этом доме?
- Да, мы с женой живём на седьмом этаже, в двадцатой квартире. У нас из окна хороший вид на город. Заходите в гости!
- Как-нибудь зайду.

до́брое у́тро guten Morgen
ра́зве etwa
кварти́ра Wohnung
вид Aussicht
го́род Stadt

Заходи́те в го́сти!

Besuchen Sie uns einmal (wenn Sie in der Nähe sind)!

Ка́к-нибудь зайду́.

Ich werde einmal vorbeischauen.

Audio 11_2

- Привет, Маша, что ты здесь делаешь?
- Я ищу Ольгу Николаевну. Ты не знаешь, в какой квартире она живёт?
- Она живёт на втором этаже, в четвёртой квартире.

● иска́ть suchen

- Ты знаешь молодого человека, который живет в четвёртой квартире?
- Это Коля, он всё время смотрит телевизор. Особенно ему нравится смотреть футбол.

● кото́рый welcher
● всё вре́мя die ganze Zeit
● осо́бенно besonders

- Ты знаешь женщину, которая живёт в шестой квартире?
- Знаю, это тётя Лена. Она любит готовить, и готовит очень вкусно. А ещё она любит говорить по телефону.

● гото́вить kochen, zubereiten
● вку́сно schmackhaft, lecker
● а ещё außerdem
● говори́ть sprechen

● Здесь кто́-нибудь живёт?

Wohnt hier jemand?

- На шестом этаже, в девятой квартире кто-нибудь живёт?
- Нет, там никто не живёт.

● Там никто́ не живёт.

Dort wohnt niemand.

- Вова, что ты делаешь?
- Я ничего не делаю, играю на компьютере. А что?
- А я думал, ты занимаешься.

● А что? Warum fragst du?
● занима́ться lernen

● Я ничего́ не де́лаю.

Ich tue nichts.

- Вы кого-нибудь знаете в этом городе?
- Нет, я здесь никого не знаю.

● Я здесь никого́ не зна́ю.

Ich kenne hier niemanden.

Ра́ньше он жил в Сиби́ри.

Früher hat er in Sibirien gelebt.

Audio 11_3

Вы когда́-нибудь бы́ли в Сиби́ри?

Waren Sie schon einmal in Sibirien?

- Вы когда-нибудь были в Сибири?
- Нет, в Сибири я ещё никогда не была.
- Приезжайте как-нибудь в гости!
- Обяза́тельно прие́ду!

никогда́ не nie

Приезжа́йте ка́к-нибудь в го́сти!

Besuchen Sie uns doch einmal!

Audio 11_4

Но́вые кварти́ры обы́чно ху́же ста́рых.

Neue Wohnungen sind gewöhnlich schlechter als alte.

- Татьяна Николаевна, вы живёте в центре?
- Да, мы с мужем живём в старой квартире на Неглинной, мы живём там уже давно.
- А квартира хорошая?
- Да, очень, она же в старом доме.
- Вы правы, новые квартиры обычно хуже старых. Мы живём в новом районе, квартира неплохая, три комнаты, большая кухня, хорошая ванная, балкон. Но стены такие тонкие, что слышно всё, что говорят соседи. А соседи, которые живут этажом выше, любят танцевать.

давно́ seit langem
же doch
вы пра́вы Sie haben recht
плохо́й schlecht
ко́мната Zimmer
ку́хня Küche
этажо́м вы́ше einen Stock höher
танцева́ть tanzen

Сте́ны таки́е то́нкие, что слы́шно всё, что говоря́т сосе́ди.

Die Wände sind so dünn, dass man alles hört, was die Nachbarn reden.

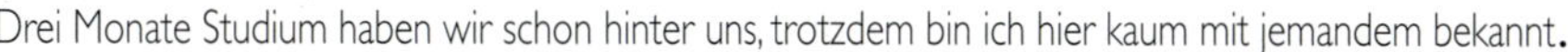

Audio 11_5

Мы отучи́лись уже три ме́сяца, а я до сих по́р почти́ никого́ не знаю.
Drei Monate Studium haben wir schon hinter uns, trotzdem bin ich hier kaum mit jemandem bekannt.

Если бы ты жила́ в общежи́тии, как я, ты бы уже давно́ со все́ми познако́милась.
Würdest du im Studentenheim wohnen, hättest du schon längst alle kennengelernt.

- Саша, ты не знаешь, что это за парень? Вон тот, с красным рюкзаком.
- Это Вова, он на прикладной математике учится.
- А друг его тебе знаком? Мы отучились уже три месяца, а я до сих пор почти никого не знаю.
- Это Андрей со второго курса. Если бы ты жила в общежитии, как я, ты бы уже давно со всеми познакомилась.
- Это правда. Но я пока живу с родителями. Конечно, хотелось бы жить отдельно, но места в общежитии дают только иногородним, а денег, чтобы снять квартиру, у меня пока нет.
- Ты можешь снимать квартиру вместе с подругами, так будет дешевле и веселей.
- Не думаю, что они захотят. У Тани своя комната, а большего ей и не надо. А у родителей Иры вообще дом с садом и бассейном. Они же не живут в одной комнате с сестрой-подростком, как я.
- Да, Лен, я тебя понимаю. Слушай, я вчера в столовой с двумя девчонками познакомился, они на экономическом учатся. Они как раз говорили, что у них соседка на днях съехала. Мы завтра в бассейне встречаемся. Пойдем с нами, заодно познакомишься и, возможно, решишь квартирный вопрос.
- Спасибо тебе, Сашка! Обязательно приду!

что за — was für ein
прикладна́я матема́тика — angewandte Mathematik
иногоро́дний — auswärtig
снима́ть — mieten
вообще́ — überhaupt
подро́сток — Halbwüchsige(r)
понима́ть — verstehen
реши́ть — lösen, klären

У Тани своя́ ко́мната, а бо́льшего ей и не на́до.
Tanja hat ein eigenes Zimmer, mehr braucht sie nicht.

Сосе́дка на днях съе́хала.
Die Nachbarin ist vor ein paar Tagen ausgezogen.

Пойдём с нами, заодно́ познако́мишься и, возмо́жно, реши́шь кварти́рный вопро́с.
Komm mit uns, da kannst du sie gleich kennenlernen und vielleicht die Wohnungsfrage klären.

Текст к одиннадцатому уроку

Audio 11_6

Fragen 11.1

Моя подруга Оксана родом из Украины. Когда она училась в начальной школе, ее родители уехали из Украины на север – в новый город Когалым. Жить там было тяжело – зима очень длинная и суровая, а лето короткое. Оксана жила с родителями, а после школы уехала в Уфу учиться в институте. Там она познакомилась со своим будущим мужем Денисом. Денис тоже некоренной уфимец. Он приехал в Уфу из города Лениногорска. Они с Оксаной учились в одном институте и жили в одном общежитии.

- ро́дом из gebürtig aus
- нача́льная шко́ла Volksschule
- уе́хать wegfahren
- се́вер Norden
- дли́нный lang
- суро́вый hart, rauh
- коро́ткий kurz
- бу́дущий zukünftig
- коренно́й alteingesessen
- прие́хать kommen
- общежи́тие Studentenheim

Сразу после окончания института Оксана и Денис приехали в Иркутск, потому что здесь им предложили интересную работу в новой перспективной компании. Сначала они жили в небольшом поселке недалеко от Иркутска, который назывался Жигалово.

- сра́зу sofort
- по́сле nach
- оконча́ние Abschluss
- предложи́ть v. vorschlagen
- перспекти́вный aufstrebend
- посёлок Siedlung
- называ́ться heißen

Audio 11_7

Через год они переехали в Иркутск. Сначала они снимали квартиру в центре города, в старом доме. Потом они взяли кредит и купили новую квартиру. Она находилась на пятом этаже пятиэтажного дома, в отдаленном районе, но это была их собственная квартира. Квартира была небольшая, трехкомнатная. Комнаты были маленькие. Прихожая, ванная и кухня были очень тесные. Но Оксана с Денисом сделали хороший ремонт, и у них стало очень уютно. Потом у них родились дети, и в старой квартире стало тесно.

- че́рез год nach einem Jahr
- перее́хать übersiedeln
- снача́ла anfangs
- снима́ть mieten
- отдалённый abgelegen
- со́бственный eigen

- прихо́жая Vorzimmer
- де́лать ремо́нт renovieren
- ста́ть werden
- те́сно eng

Тогда они переехали в новую квартиру, просторную, светлую и удобную. Она находится на девятом этаже нового десятиэтажного дома, недалеко от центра. В квартире большой коридор, две детских комнаты, спальня, гардеробная, столовая и балкон, где Оксана выращивает цветы. Во дворе есть детская площадка, недалеко школа и детский сад. У них хорошие соседи. Из окна красивый вид на город. Мне очень нравится приходить к Оксане в гости, и я часто захожу к ней посидеть на балконе, попить чаю, поболтать и полюбоваться на чудесный вид.

- **просто́рный** geräumig
- **све́тлый** hell
- **удо́бный** praktisch
- **спа́льня** Schlafzimmer
- **столо́вая** Esszimmer
- **выра́щивать цветы** Blumen züchten
- **двор** Hof
- **де́тская площа́дка** Kinderspielplatz
- **сиде́ть** sitzen
- **болта́ть** plaudern
- **любова́ться** genießen

У них роди́лись дети.
Sie haben Kinder bekommen.

Мне нравится приходи́ть к Оксане в го́сти.
Ich komme gerne zu Oksana auf Besuch.

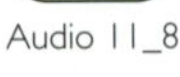
Audio 11_8

Fragen 11.2

Аудирование к одиннадцатому уроку

Кто где живёт?

9 10
7 8
5 6
3 4
1 2
БАНК
КАССА 1
КАССА 2
ПАРИКМАХЕРСКАЯ
ДЕТСКИЙ САД

Это дом номер 18 на улице Авиастроителей. На первом этаже дома находится банк. А это Марина, она пришла в банк, чтобы взять кредит на новую квартиру. Рядом с банком парикмахерская. У Светы вечером свидание, и она решила сделать себе новую стрижку и маникюр, чтобы очаровать своего нового поклонника. Справа на первом этаже детский сад. Это Наталья Ивановна, она воспитательница. А это дети, они очень тихие и послушные, но только когда спят.

- прийти́ kommen
- свида́ние Rendezvous
- стри́жка Frisur
- очарова́ть bezaubern
- покло́нник Verehrer
- воспита́тельница Erzieherin
- ти́хий still
- послу́шный folgsam
- спать schlafen

В квартире номер один на первом этаже живет Иван Иванович. Иван Иванович со своим другом Сергеем Сергеевичем каждую пятницу играют в шахматы и беседуют о политике. Жена Ивана Ивановича не любит шахматы, политику и Сергея Сергеевича, потому что обсуждение проблем в мире отвлекает ее мужа от уборки в доме. В соседней квартире справа живет Николай. Он не женат и живет один. Николай – домосед. Ему нравится после работы сидеть в кресле и читать газеты. Его сосед сверху, Кирилл, - футбольный фанат. Сегодня по телевизору полуфинал чемпионата мира. Конечно, Кирилл не может его пропустить.

- пя́тница Freitag
- бесе́довать besprechen
- обсужде́ние Erörterung
- мир Welt
- отвлека́ть ablenken
- убо́рка Aufräumen
- домосе́д Stubenhocker
- по́сле рабо́ты nach der Arbeit
- све́рху von oben
- пропусти́ть versäumen

Семья Вороновых недавно переехала в квартиру номер 3 на третьем этаже слева. Сейчас они делают ремонт, а уже через месяц они планируют отпраздновать новоселье. Над ними живут Николай и Людмила. Они очень любят свою кошку Мурку, которую нашли на улице год назад. А Мурка очень любит кота Барсика, который живет на крыше их дома и чей портрет висит у них на стене в гостиной.

- че́рез ме́сяц in einem Monat
- пра́здновать feiern
- новосе́лье house warming party
- найти́ finden
- кры́ша Dach
- чей dessen, wessen
- висе́ть hängen
- гости́ная Wohnzimmer

Их соседке напротив, Марии Петровне, очень нравится готовить. Но еще больше ей нравится говорить по телефону. Роман из квартиры номер 8 – музыкант. Он увлекается рок-музыкой и учится играть на электрогитаре. Соседи Романа не разделяют его увлечений. А жена Ивана Ивановича считает, что рок-музыка даже хуже, чем шахматы и политика.

- увлека́ться sich begeistern
- разделя́ть teilen
- счита́ть meinen

В соседней квартире живет мальчик Вова. Недавно Роман подарил ему на день рождения барабан и пообещал, что возьмет его барабанщиком в свою рок-группу. Вове еще только пять лет и он не знает, что такое рок-музыка. Но барабан теперь его любимая игрушка, а Вовины родители почему-то перестали звать Рому в гости.

- подари́ть v. schenken
- день рожде́ния Geburtstag
- обеща́ть versprechen
- люби́мый Lieblings-
- почему́-то aus irgendeinem Grund
- переста́ть aufhören

В квартире номер 10 на шестом этаже живет Коля, программист. Коля очень любит свою молодую жену Оксану, но еще больше он любит свой новый компьютер. А в девятой квартире пока никто не живет. Здесь жила молодая семья, но они уехали в другой город. Может быть, эту квартиру купит Марина, если в банке ей все же дадут кредит.

- пока́ einstweilen
- всё же doch

Вы сейчас услышали одну историю про людей этого дома. Но есть сто других. Придумайте свою!

Audio 11_12

Из литературы

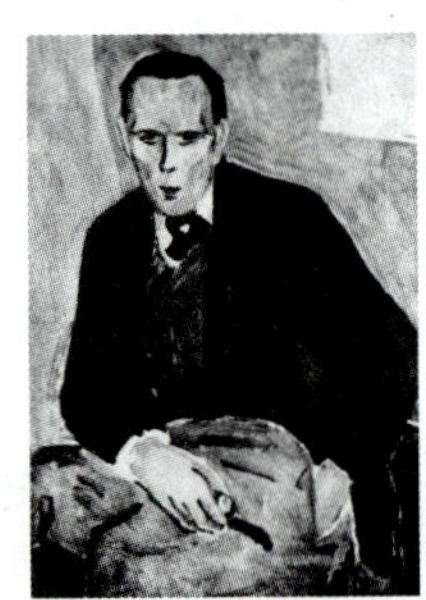

Даниил Хармс (1906 – 1942)

Тигр на улице

Я долго думал,
Откуда на улице взялся тигр.
Думал, думал, думал, думал.
В это время ветер дунул,
И я забыл, о чём я думал.
Так я и не знаю,
Откуда на улице взялся тигр.

до́лго lang
взя́ться (zum Vorschein) kommen
ве́тер Wind
ду́нуть (einmal) blasen
о чём worüber

Слова и грамматика одиннадцатого урока

Где вы живёте?	Wo wohnen Sie?
Заходи́те в го́сти!	Schauen Sie doch einmal bei uns vorbei!
Ка́к-нибудь зайду́.	Ich werde einmal vorbeischauen.
Здесь кто́-нибудь живёт?	Wohnt hier jemand?
Там никто́ не живёт.	Dort wohnt niemand.
А что?	Warum fragst du?
Я ничего́ не де́лаю.	Ich tue nichts.
Я здесь никого́ не зна́ю.	Ich kenne hier niemanden.
Ты права́.	Du hast recht.
Всего́ до́брого!	Alles Gute!
До́брое у́тро!	Guten Morgen!
Но́вые кварти́ры обы́чно ху́же ста́рых.	Neue Wohnungen sind gewöhnlich schlechter als alte.
Сте́ны таки́е то́нкие, что слы́шно всё, что говоря́т сосе́ди.	Die Wände sind so dünn, dass man alles hört, was die Nachbarn reden.
Вы когда́-нибудь бы́ли в Сиби́ри?	Waren Sie schon einmal in Sibirien?
Приезжа́йте ка́к-нибудь в го́сти!	Besuchen Sie uns doch einmal!
Обяза́тельно прие́ду!	Ich komme ganz bestimmt!
У них родили́сь дети.	Sie haben Kinder bekommen
Мне нравится приходи́ть к Оксане в го́сти.	Ich komme gerne zu Oksana auf Besuch.
У Тани своя́ ко́мната, а бо́льшего ей и не на́до.	Tanja hat ein eigenes Zimmer, mehr braucht sie nicht.
Сосе́дка на днях съе́хала.	Die Nachbarin ist vor ein paar Tagen ausgezogen.

жить leben, wohnen
живу́, живёшь, живу́т
жил, жила́, жи́ли

танцева́ть tanzen
танцу́ю, танцу́ешь, танцу́ют
танцева́л, танцева́ла, танцева́ли

находи́ться sich befinden
нахо́дится, нахо́дятся, находи́лся

говори́ть sprechen
говорю́, говори́шь, говоря́т

иска́ть suchen
ищу́, и́щешь, и́щут

гото́вить kochen; vorbereiten
гото́влю, гото́вишь, гото́вят

занима́ться lernen, arbeiten (z.B. am Computer) Ты занимаешься?

кто́-нибудь	jemand anybody	а ещё	außerdem	дере́вня	Dorf
когда́-нибудь	jemals	обяза́тельно	bestimmt	лес	Wald
как-нибудь	einmal	ве́рно	richtig	река́	Fluss
никто́ не	niemand	ра́зве	etwa	о́зеро	See
ничего́ не	nichts	осо́бенно	besonders	Сиби́рь f.	Sibirien
никогда́ не	nie	вку́сно	lecker, gut	вид	Aussicht
весь, вся, всё	alles, ganz	вме́сте	gemeinsam	что за	was für ein
все	alle	давно́	seit langem	вообще́	überhaupt
всё бли́зко	alles ist nah	же	doch	кварти́ра	Wohnung
всё вре́мя	die ganze Zeit	обы́чно	gewöhnlich	ко́мната	Zimmer
всё слы́шно	alles ist zu hören	то́нкий	dünn	ку́хня	Küche
такой	solcher	плохо́й	schlecht	стена́	Wand
оди́ннадцатый	elfter	ху́же	schlechter	до́чка	Tochter
приходи́ть в го́сти	zu Besuch kommen	этажом вы́ше	einen Stock höher	сосе́д	Nachbar
окно́	Fenster	прикладна́я мате́матика	angewandte Mathematik	подро́сток	Halb-wüchsige(r)
понима́ть	verstehen	заодно́	gleich		
реши́ть	lösen, klären	иногоро́дний	auswärtig		

москви́ч   райо́н   центр   эта́ж   компью́тер   балко́н   ва́нная

Grammatik

Interrogativpronomen кто

Nom. **Кто** это?
Gen. У **кого́** есть машина?
Dat. **Кому́** девяносто лет?
Akk. **Кого́** зовут Вера?
Instr. С **кем** ты играешь в шахматы?
Präp. О **ком** (über wen) ты говоришь?

Relativpronomen кото́рый

Молодого человека, **который** живет в восьмой квартире, зовут Роман.
Миша, **с которым** я танцевала, москвич.
Мальчик, **которому** подарили барабан, живет в седьмой квартире.

Konjunktiv бы + Präteritum

Если бы ты жилá в общежи́тии, как я, ты бы уже давнó со всéми познакóмилась. Würdest du im Studentenheim wohnen, hättest du schon längst alle kennengelernt.

Possessivpronomen свой

steht anstelle von **мой, твой, наш, ваш**, wenn sie sich auf das Subjekt des Satzes beziehen.

Я люблю своего младшего брата.
Ты любишь свою учительницу?
Вова любит свою кошку Мурку.
К своему удивлению ... (zu meiner Überraschung)
Она следит за своей фигурой.

In der **3. Person** ist zwischen **свой** und **его** zu unterscheiden.
Она живет у **своей** мамы.
Она живет у **её** мамы.

Der Nominativ **свой** kann die Bedeutung „eigen" annehmen:
У них сейчас своя квартира. = Sie haben jetzt eine eigene Wohnung.

Ordnungszahlwörter

пéрвый	четвёртый	седьмóй	деся́тый	двадца́тый
вторóй	пя́тый	восьмóй	оди́ннадцатый	сороковóй
трéтий[1]	шестóй	девя́тый	двенáдцатый	пятидеся́тый

Komparative

хорошó	плóхо	высокó	вку́сно	мнóго
лу́чше	ху́же	вы́ше	вкуснéе	бóльше

вéсело	дёшево	рáно	бли́зко
веселéе	дешéвле	рáньше	бли́же

Der **Vergleich** wird entweder mit **чем** oder mit dem **Genitiv** ausgedrückt:
Вера играет в шахматы **лучше, чем** Борис.
Николай приехал **раньше нас.**

[1] на трéтьем этаже, трéтья квартира, в трéтьей квартире

12 Урок двенадцатый

Audio 12_1

Мне ну́жно позвони́ть.

Ich muss (möchte) telefonieren.

- Мне нужно позвонить Борису Андреевичу.
  У тебя есть его телефон?
- Рабочий или домашний?
- И тот и другой.
- Домашний у него 8 495 139 06 34,
  а рабочий 8 499 267 59 83. Добавочный 11.
- Спасибо!
- Не за что.

и тот и друго́й
sowohl als auch, beide

доба́вочный
Durchwahl

Не́ за что.

Nichts zu danken.

Audio 12_2

Бу́дьте добры́, Серге́я Па́вловича, пожа́луйста.

Kann ich bitte mit Sergej Pavlovitsch sprechen?

Он то́лько что вы́шел.

Er ist eben kurz hinausgegangen.

- Будьте добры, Сергея Павловича, пожалуйста.
- Его сейчас нет. Он только что вышел.
- А вы не знаете, когда он будет?
- Перезвоните через 15 минут.
- Спасибо.

че́рез 15 минут in 15 Minuten

Когда́ он бу́дет?

Wann kommt er?

Audio 12_3

● Вале́рий постоя́нно говори́т по телефо́ну.
Valerij telefoniert andauernd.

● На́до же! Опя́ть у Вале́рия за́нято!
Zu dumm! Jetzt ist bei Valerij schon wieder besetzt!

- Надо же! Опять у Валерия занято!
  Ему дозвониться невозможно!
- Да, ты права, он постоянно говорит по телефону.

дозвони́ться telefonisch erreichen
невозмо́жно unmöglich
ты права́ du hast recht

● Вы не туда́ попа́ли.
Falsch verbunden.

- Алло, Вера?
- Веры у нас нет. Вы не туда попали.
- Ой, простите.

Audio 12_4

● Алексе́й хоте́л с тобо́й поговори́ть.
Aleksej wollte mit dir sprechen.

- Боря, позвони Алексею, он утром
  звонил, хотел с тобой поговорить.
- Хорошо, позвоню.

у́тром am Morgen

● Как ты ду́маешь, я могу́ позвони́ть ему́ сейча́с?
Glaubst du, kann ich ihn jetzt anrufen?

● Лу́чше не на́до, уже по́здно, позвони́ за́втра.
Besser nicht, es ist schon spät, ruf morgen an.

- Мне надо позвонить Людмиле Петровне.
  Как ты думаешь, я могу позвонить ей сейчас?
- Лучше не надо, уже поздно, позвони завтра.

Audio 12_5

Соня, хва́тит уже сиде́ть, уткну́вшись в телефон.
Sonja, langsam reicht es, dass du ständig am Handy hängst.

- Соня, хватит уже сидеть, уткнувшись в телефон. Мы вообще-то встретились, чтобы пообщаться.
- Одну минутку, Жень, я бабушке фотографии по вайберу отправлю.
- Какая у тебя бабушка продвинутая. А моя до сих пор кнопочным телефоном пользуется. Она говорит, что у нее очень насыщенная реальная жизнь, и нет времени на виртуальную. И знаешь, это действительно так. Я ей даже иногда завидую.
- А моя раньше всегда подолгу со своими подругами на телефоне висела, а теперь у них в телеграмме своя группа.
- Да, до чего дошел прогресс! Уже даже бабушки не смотрят сериалы и ток-шоу по телевизору, а покупают билеты в филармонию по интернету!

- **обща́ться** sich unterhalten
- **отпра́вить** abschicken
- **продви́нутый** fortschrittlich
- **до сих по́р** bisher
- **кно́почный телефон** Tastentelefon
- **по́льзоваться** verwenden
- **насы́щенный** ausgefüllt
- **действи́тельно** wirklich
- **зави́довать** beneiden
- **подо́лгу** langmächtig
- **висе́ть** hängen
- **ток-шоу** Talkshow

А тепе́рь у них в телегра́мме своя́ гру́ппа.
Und jetzt haben sie im „Telegramm" ihre eigene Gruppe.

Да, до чего́ дошел прогре́сс!
Unglaublich, wohin der Fortschritt schon geführt hat!

По како́му но́меру я могу́ вы́звать врача́?
Unter welcher Nummer kann ich den Arzt rufen (holen)?

Она то́лько что ушла́ на рабо́ту.

Sie ist gerade zur Arbeit (weg)gegangen.

Audio 12_6

- Алло, это Вера?
- Нет, это ее мама.
- Здравствуйте, Ирина Павловна, это говорит Миша. Вера дома?
- Нет, она только что ушла на работу. Ей что-нибудь передать?
- Я хотел спросить, пойдет ли она завтра со мной на концерт.
- Я ей передам, она вам позвонит.
- Если меня не будет дома, пусть оставит сообщение на автоответчике.

переда́ть mitteilen
спроси́ть fragen
за́втра morgen
оста́вить (hinter)lassen
автоотве́тчик Anrufbeantworter

Я хоте́л спроси́ть, пойдёт ли она со мной на конце́рт.

Ich wollte fragen, ob sie mit mir ins Konzert geht.

Если меня не будет до́ма, пусть оста́вит сообще́ние на автоотве́тчике.

Falls ich nicht zu Hause bin, soll sie eine Nachricht auf dem Anrufbeantworter lassen.

Audio 12_7

● Как хорошо́, что появи́лись моби́льные телефо́ны!

Wie schön, dass es jetzt Mobiltelefone gibt!

● Мо́жно я позвоню́ с твоего́ телефо́на?

Kann ich von deinem Telefon aus anrufen?

- Ой, у меня не работает телефон. Видимо села батарейка. Можно я позвоню с твоего телефона?
- Да, пожалуйста.

● ви́димо offenbar

● Прости́, я немно́го задержа́лся.

Entschuldige, ich bin etwas zu spät.

- Привет, ты сейчас где?
- Привет, я уже еду. Прости, я немного задержался.
- Мы тебя уже полчаса ждем, звонили тебе, но не могли дозвониться.
- Прости, я был за городом, там связь плохая, я вам тоже не смог дозвониться.
- Ладно, приезжай скорее!
- Я уже подъезжаю, буду через 10 минут.

● ждать warten

● ла́дно Na gut!

● ско́ро bald

● Я уже́ е́ду!

Ich bin schon unterwegs.

● Я уже́ подъезжа́ю.

Ich bin schon fast da.

● Я был за го́родом, там связь плоха́я.

Ich war nicht in der Stadt, da war die Verbindung schlecht.

У меня до́лжен быть её но́мер.

Ich sollte ihre Nummer haben.

Audio 12_8

- Вера Николаевна, здравствуйте,
  это Андрей Кузнецов.
- Добрый день, Андрей.
- Вера Николаевна, вы не скажете,
  Лиза сейчас в институте?
  Мы с ней вечером идем в кино.
  Я звоню ей весь день на мобильный,
  но она не берет трубку.
- Лиза забыла свой телефон дома.
  Отправь СМС Светлане, они сейчас вместе
  на занятиях. Ты знаешь ее телефон?
- Да, у меня должен быть ее номер. Я так и
  сделаю. Спасибо вам большое, и извините
  за беспокойство!
- Да не за что.

весь день den ganzen Tag
тру́бка Telefonhörer

отпра́вить schicken
заня́тие Unterricht

Я так и сде́лаю.

So werde ich es auch machen.

Извини́те за беспоко́йство!

Entschuldigen Sie die Störung!

Слова и грамматика двенадцатого урока

Мне нýжно позвони́ть.	Ich muss (möchte) telefonieren.
Алексéй хотéл с тобóй поговори́ть.	Aleksej wollte mit dir sprechen.
Я ей сейчáс перезвоню́.	Ich werde sie gleich zurückrufen.
Будьте добры, Сергея Павловича, пожалуйста.	Kann ich bitte mit Sergej Pavlovitsch sprechen?
Он только что вы́шел.	Er ist eben kurz weggegangen.
Перезвони́те чéрез 15 минут.	Rufen Sie in 15 Minuten wieder an.
Когдá он будет?	Wann kommt er?
Вы не тудá попáли.	Falsch verbunden.
Как ты дýмаешь, я могý позвони́ть ей сейчáс?	Glaubst du, kann ich sie jetzt anrufen?
Лýчше не нáдо, уже пóздно, позвони́ зáвтра.	Lieber nicht, es ist schon spät, ruf morgen an.
Нáдо же! Опя́ть у Валéрия зáнято!	Zu dumm! Jetzt ist bei Valerij schon wieder besetzt!
Ира хóчет, чтóбы я купи́л билéты.	Ira möchte, dass ich Karten kaufe.
Мне совершéнно нéкогда.	Ich habe überhaupt keine Zeit.
Ты не мог бы зайти́ в театр.	Könntest du vielleicht im Theater vorbeischauen.
По какóму нóмеру я могý вы́звать врачá?	Unter welcher Nummer kann ich den Arzt rufen?
Она тóлько что ушлá на рабóту.	Sie ist gerade zur Arbeit gegangen.
Я хотéл спроси́ть, пойдёт ли она со мной на концéрт.	Ich wollte fragen, ob sie mit mir ins Konzert geht.
Если меня не будет дóма, пусть остáвит сообщéние на автоотвéтчике.	Falls ich nicht zu Hause bin, soll sie eine Nachricht auf dem Anrufbeantworter lassen.
Как хорошó, что появи́лись моби́льные телефóны!	Wie schön, dass es jetzt Mobiltelefone gibt!
Мóжно я позвоню́ с твоегó телефóна?	Kann ich von deinem Telefon aus anrufen?
Прости́, я немнóго задержáлся.	Entschuldige, ich bin etwas zu spät.
Я ужé éду!	Ich bin schon unterwegs.
Я ужé подъезжáю[1].	Ich bin schon fast da.
У меня дóлжен быть её нóмер.	Ich sollte ihre Nummer haben.
Я так и сдéлаю.	So werde ich es auch machen.
Извини́те за беспокóйство!	Entschuldigen Sie die Störung!
Сéла батарéйка.	Die Batterie ist leer.
Не за что.	Nichts zu danken.
До чегó дошел прогрéсс!	Unglaublich, wohin der Fortschritt schon geführt hat!

[1] подъезжáю der Buchstabe ъ steht für [j].

звони́ть кому anrufen, telefonieren
позвони́ть
звоню́, звони́шь, звоня́т

мочь können, nicht verhindert sein
смочь
могу́, мо́жешь, мо́гут
мог, могла́, могли́

дозвони́ться v. telefonisch erreichen
перезвони́ть v. zurückrufen

передава́ть[1] mitteilen; senden, überbringen
передаю, передаёшь, передают
переда́ть
переда́м, переда́шь, переда́ст
передади́м, передади́те,
передаду́т
переда́л, передала́, переда́ли

спра́шивать кого fragen
спроси́ть
спрошу́, спро́сишь, спро́сят

ждать uv. warten
жду, ждёшь, ждут

появля́ться, auftauchen,
появи́ться in Erscheinung treten
поя́вится

вы́звать v. herbeirufen, holen
вы́зову, вы́зовешь, вы́зовут

оставля́ть (hinter)lassen
оста́вить
оста́влю, оста́вишь, оста́вят

заде́рживаться verspätet sein
задержа́ться
задержу́сь, заде́ржишься

идти́ uv. gehen (gerichtet)
иду́, идёшь, иду́т,
шёл, шла, шли

е́хать uv. fahren (gerichtet)
е́ду, е́дешь, е́дуут
е́хал, е́хала, е́хали

сади́ться sich setzen
сажу́сь, сади́шься, садя́тся
сесть
ся́ду, ся́дешь, ся́дут
сел, се́ла, се́ли

по́льзоваться чем verwenden
по́льзуюсь, по́льзуешься

зави́довать кому beneiden
зави́дую, зави́дуешь

[1] Das Verbum **дава́ть/дать** (geben) hat viele präfigierte Varianten, sie alle gehen nach diesem Muster.

● **Чтобы** + Infinitiv

Она пришла в банк, чтобы взять кредит на новую квартиру.

● **Modalwörter**

➡ **ну́жно, на́до**
Dat. + **ну́жно, на́до** + Inf. müssen (im eigenen Interesse)
Мне нужно позвонить.
не на́до + Inf. uv. nicht brauchen, nicht sollen
Не надо звонить.

➡ **мо́жно** man darf
Можно? = Darf ich? Kann ich?

➡ **хоте́ть** wollen, „möchte"
Я хочу мороженого. = Ich **möchte gern** ein Eis.

● **„für"**

для *кого* билеты для Наташи
на *что* билеты на завтра, на спектакль

стара́ться	sich bemühen	у́тром	am Morgen	доба́вочный	zusätzlich
работать	funktionieren	сего́дня	heute	рабо́чий	Arbeits-
отпра́вить v.	abschicken	опя́ть	(schon) wieder	дома́шний	Haus-
не́когда	keine Zeit	по́здно	spät	автоотве́тчик	Anrufbeantworter
весь день	den ganzen Tag	за́втра	morgen	действи́тельно	wirklich
ты права́	du hast recht	лу́чше	besser	сообще́ние	Mitteilung
соверше́нно	vollkommen	ви́димо	offenbar	за го́родом	auf dem Land
невозмо́жно	unmöglich	ла́дно	Na gut!	беспоко́йство	Störung
и тот и друго́й	beide	до́ма	zu Hause	тру́бка	Telefonhörer
постоя́нно	dauernd	ско́ро	bald	заня́тие	Unterricht
связь f.	Verbindung	за́нято	besetzt	подо́лгу	langmächtig
обща́ться	sich unterhalten	кно́почный телефо́н	Tastentelefon	насы́щенный	ausgefüllt
продви́нутый	fortschrittlich	висе́ть	hängen		
до сих по́р	bis jetzt	ток-шо́у	Talkshow		

моби́льный телефон моби́льник

Grammatik

Indirekte Entscheidungsfragen

Nach dem Wort, nach dem gefragt wird, steht **ли**.

Борис спросил, хочу **ли** я вызвать врача.

Борис спросил, врача **ли** я хочу вызвать.

Indirekte Rede

Im Gegensatz zum Deutschen wird der Konjunktiv im Russischen zum Ausdruck der Zeitenfolge nicht verwendet.

где я жила.
Он спросил, где я живу.
где я буду жить.

Aspekt

Jedes russische Verb steht entweder im **unvollendeten** oder im **vollendeten** Aspekt.

- Im **Präsens** gibt es nur den **unvollendeten** Aspekt.
- Im **Präteritum**, im **Futur** und im **Imperativ** werden **beide Aspekte** verwendet.
- Viele Verben bilden **Aspektpaare**:

брать	взять	покупа́ть	купи́ть
говори́ть	сказа́ть	де́лать	сде́лать
спра́шивать	спроси́ть	звони́ть	позвони́ть

- Die finiten Formen des vollendeten Aspekts bilden das **vollendete Futur**:
  сде́лаю werde machen позвоню́ werde anrufen возьму́ werde nehmen
- Das **unvollendete Futur** wird mit den Formen von быть + Infinitiv des unvollendeten Verbs gebildet:
  Что вы будете пить?
  Когда ты будешь звонить?
- Der **vollendete Aspekt** bezeichnet eine **konkrete Handlung**, der **unvollendete** ist **allgemein**:
  Конфетку возьму.
  Берите чернику, она очень вкусная.

Verben der Fortbewegung

➡ Die **einfachen Verben** der Fortbewegung stehen im **unvollendeten Aspekt** und bilden Paare nach der Grundbedeutung **gerichtet** (determiniert) oder **ungerichtet** (indeterminiert).
Du hast bisher ein solches Paar kennengelernt: **идти́ - ходи́ть**
Идите прямо!
Ирочка ходит в детский сад.

➡ Sobald ein derartiges Verb ein Präfix bekommt, verliert es die Bedeutung „gerichtet" oder „ungerichtet".

➡ **Präfigierte Verben** der Fortbewegung können **Aspektpaare** bilden:

заходи́ть – зайти́	**приезжа́ть – прие́хать**
выходи́ть – вы́йти	**подъезжа́ть – подъе́хать**
уходи́ть – уйти́	**уезжа́ть – уе́хать**
подходи́ть– подойти́	**переезжа́ть – перее́хать**

➡ Kein Aspektpaar bildet **пойти́** v. (aufbrechen).

Was du schon alles kannst!

- in russischen Geschäften auf russisch einkaufen,
- dich über Wohnverhältnisse unterhalten, aber auch schriftlich darüber berichten,
- auf russisch telefonieren,
- viele russische Verben,
- den Aspekt,
- die Besonderheiten der Verben der Fortbewegung.

Zum Abschluss des 1. Bandes unseres Lehrbuchs wirst du noch ein sehr bekanntes Stück aus der russischen Kinderliteratur kennenlernen. Es wird dir sicher Spaß machen, es zu hören und zu lesen. Du wirst auch keine Schwierigkeiten haben, es zu verstehen.

Из литературы

Audio 12_9

Корней Чуковский (1882 – 1969)

Телефон

1

У меня зазвонил телефон.
- Кто говорит?
- Слон.
- Откуда?
- От верблюда.
- Что вам надо?
- Шоколада.
- Для кого?
- Для сына моего.
- А много ли прислать?
- Да пудов этак пять или шесть:
  Больше ему не съесть,
  Он у меня еще маленький.

слон Elefant
верблю́д Kamel
присла́ть schicken
пуд = 16 кг
этак ungefähr
съесть aufessen, auffressen

2

Audio 12_10

А потом позвонил крокодил
И со слеза́ми просил:
- Мой милый, хороший,
  Пришли мне калоши,
  И мне, и жене, и Тотоше.
- Постой, не тебе ли
  На прошлой неделе
  Я выслал две пары
  Отличных калош?
- Ах те, что ты выслал
  На прошлой неделе,

слёзы Tränen
ми́лый lieber
vorige Woche
отли́чный erstklassig
те, что jene, welche

Мы давно уже съели
И ждем не дождемся,
Когда же ты снова пришлешь
К нашему ужину
Дюжину
Новых и сладких калош!

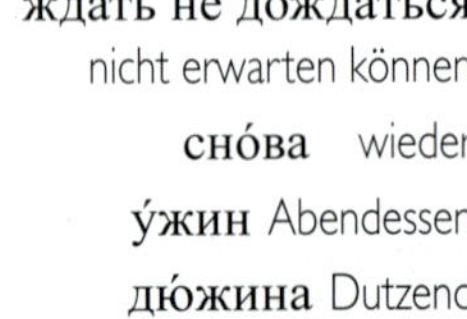

ждать не дожда́ться nicht erwarten können
сно́ва wieder
у́жин Abendessen
дю́жина Dutzend

Audio 12_11

3
А потом позвонили зайчатки:
- Нельзя ли прислать перчатки?
А потом позвонили мартышки:
- Пришлите, пожалуйста, книжки!

за́яц Hase
перча́тки Handschuhe
марты́шка Meerkatze

4
А потом позвонил медведь
Да как начал, как начал реветь.
- Погодите, медведь, не ревите,
Объясните, чего вы хотите?
Но он только «му» да «му»,
А к чему, почему -
Не пойму!
- Повесьте, пожалуйста, трубку!

медве́дь Bär
нача́ть beginnen
реве́ть brüllen
погоди́ warte nur!
объясни́ть erklären
поня́ть verstehen
пове́сить aufhängen
трубка Hörer

Audio 12_12

5
А потом позвонили цапли:
- Пришлите, пожалуйста, капли:
Мы лягушками нынче объелись,
И у нас животы разболелись!

ца́пля Reiher
ка́пля Tropfen
лягу́шка Frosch
ны́нче heute
объе́сться sich überfressen
живо́т Bauch
разболе́ться zu schmerzen beginnen

6
А потом позвонила свинья:
- Нельзя ли прислать соловья?
Мы сегодня вдвоем
С соловьем
Чудесную песню
Споём.
- Нет, нет! Соловей
Не поет для свиней!
Позови-ка ты лучше ворону!

свинья́ Schwein
солове́й Nachtigall
вдвоём zu zweit
чуде́сный wunderbar
пе́сня Lied
петь singen
воро́на Krähe

7
И снова медведь:
- О, спасите моржа!
Вчера он проглотил морского ежа!

спасти́ retten
морж Walroß
проглоти́ть verschlucken
ёж Igel

8

Audio 12_13

И такая дребедень
Целый день:
Динь-ди-лень,
Динь-ди-лень,
Динь-ди-лень!
То тюлень позвонит, то олень.

дребеде́нь Unsinn
то ... то mal ... mal ...
тюле́нь Robbe
оле́нь Hirsch

А недавно две газели
Позвонили и запели:
- Неужели,
  В самом деле,
  Все сгорели
  Карусели?

газе́ль Gazelle
неуже́ли doch nicht etwa
в са́мом де́ле wirklich
сгоре́ть verbrennen

- Ах, в уме ли вы, газели?
  Не сгорели карусели,
- И качели уцелели!
  Вы б газели не галдели,
  А на будущей неделе
  Прискакали бы и сели
  На качели-карусели!

ум Verstand
каче́ли Schaukel
уцеле́ть ganzbleiben
галде́ть Lärm schlagen
скака́ть hüpfen, galoppieren
сесть sich setzen, einsteigen

Но не слушали газели
И по-прежнему галдели:
- Неужели,
  В самом деле,
  Все сгорели
  Карусели?
Что за глупые газели!

по-пре́жнему wie vorher
глу́пый dumm

9

Audio 12_14

А вчера поутру
Кенгуру:
- Не это ли квартира
  Мойдодыра?
Я рассердился, да как заору:
- Нет! Это чужая квартира!!!
- А где Мойдодыр?
- Не могу вам сказать.
  Позвоните по номеру
  Сто двадцать пять.

серди́ться sich ärgern
ора́ть schreien
чужо́й fremd

Audio 12_15

10

Я три ночи не спал,
Я устал.
Мне бы заснуть,
Отдохнуть ...
Но только я лег -
Звонок!
- Кто говорит?
- Носорог.
- Что такое?
- Беда! Беда!
Бегите скорее сюда!
- В чем дело?
- Спасите!
- Кого?
- Бегемота!
Наш бегемот провалился в болото.
- Провалился в болото?!
- Да! И ни туда, ни сюда!
О, если вы не придете,
Он утонет, утонет в болоте,
Умрет, пропадет
Бегемот!!!
- Ладно! Бегу! Бегу!
Если смогу, помогу!

спать schlafen
уста́л müde
засну́ть einschlafen
отдохну́ть sich erholen
лечь sich hinlegen
носоро́г Nashorn
беда́ Unglück
бежа́ть laufen (gerichtet)
ско́ро schnell, bald
сюда́ hierher
В чём де́ло? Was ist los?
бегемо́т Nilpferd
провали́ться versinken
боло́то Sumpf
утону́ть untergehen
умере́ть sterben
пропа́сть umkommen

11

Ох, нелёгкая это работа
Из болота тащить бегемота!

лёгкий leicht
тащи́ть ziehen

16_Schlusswort

Wir gratulieren dir!
Du hast den ersten Band unseres Lehr- und Hörbuches geknackt. Du verstehst, sprichst und liest schon recht gut russisch und kannst auch schon einiges auf russisch schreiben. Aber es gäbe noch einiges zu ergänzen: Befindlichkeiten und Liebe. Uhrzeit und Datum. Neue Medien und Arbeitswelt. Moskau und Urlaubsreisen. Das alles und noch einiges mehr – vor allem Literaturminiaturen und landeskundliche Lesetexte – findest du dann im 2. Band „Russisch für Fortgeschrittene, die es noch besser lernen wollen".

Anhang

Русский алфавит

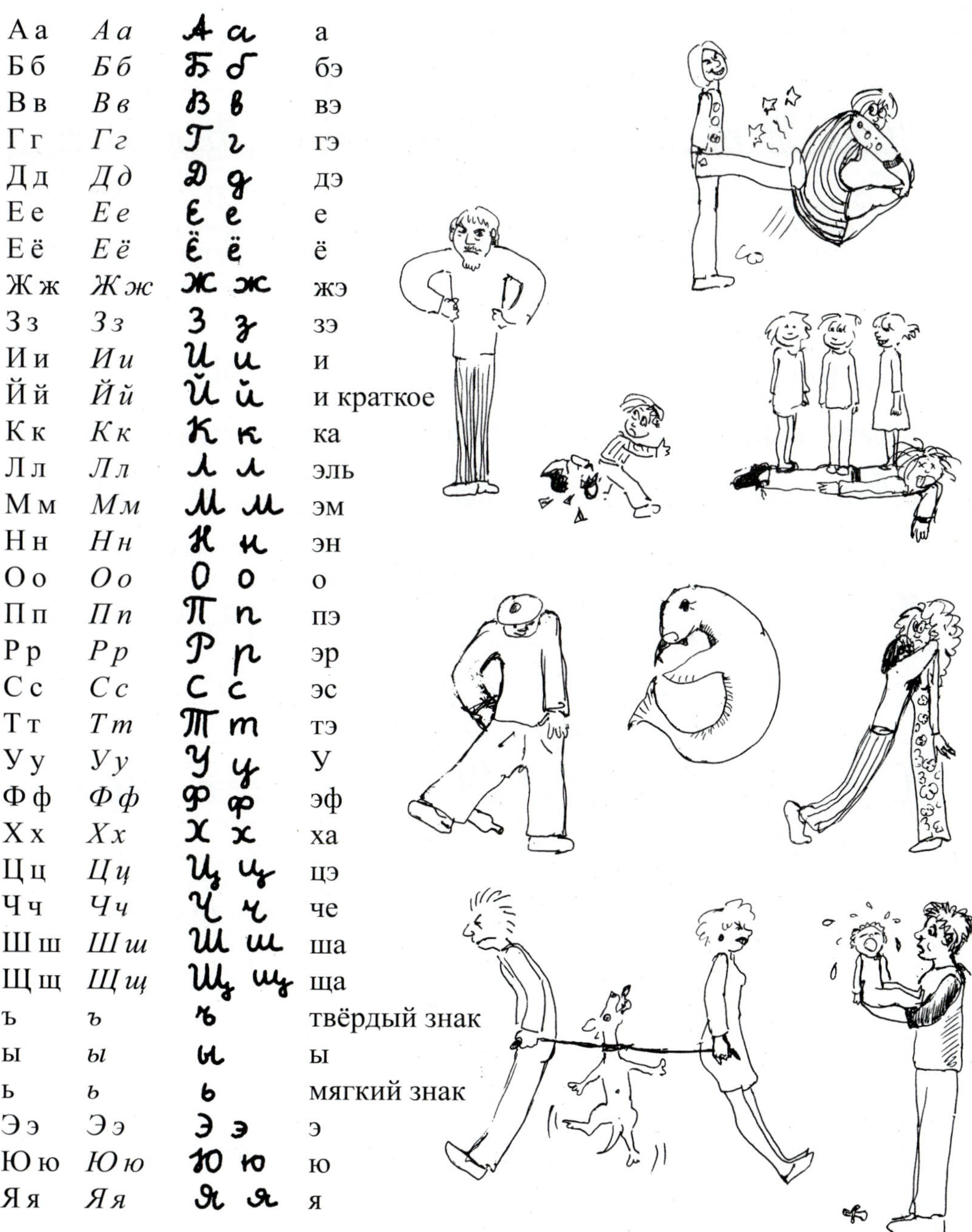

А а	*А а*	А а	а
Б б	*Б б*	Б б	бэ
В в	*В в*	В в	вэ
Г г	*Г г*	Г г	гэ
Д д	*Д д*	Д д	дэ
Е е	*Е е*	Е е	е
Ё ё	*Ё ё*	Ё ё	ё
Ж ж	*Ж ж*	Ж ж	жэ
З з	*З з*	З з	зэ
И и	*И и*	И и	и
Й й	*Й й*	Й й	и краткое
К к	*К к*	К к	ка
Л л	*Л л*	Л л	эль
М м	*М м*	М м	эм
Н н	*Н н*	Н н	эн
О о	*О о*	О о	о
П п	*П п*	П п	пэ
Р р	*Р р*	Р р	эр
С с	*С с*	С с	эс
Т т	*Т т*	Т т	тэ
У у	*У у*	У у	у
Ф ф	*Ф ф*	Ф ф	эф
Х х	*Х х*	Х х	ха
Ц ц	*Ц ц*	Ц ц	цэ
Ч ч	*Ч ч*	Ч ч	че
Ш ш	*Ш ш*	Ш ш	ша
Щ щ	*Щ щ*	Щ щ	ща
ъ	*ъ*	ъ	твёрдый знак
ы	*ы*	ы	ы
ь	*ь*	ь	мягкий знак
Э э	*Э э*	Э э	э
Ю ю	*Ю ю*	Ю ю	ю
Я я	*Я я*	Я я	я

У/у, Рр, О о а, К К К к, П п, Е е, В в в,
ы, Й й Урок первый
Ч ч, Т т, Э э, С с, Н н + н н, Б б Ь Б
б с о б, А а с а Что это? Это
ресторан. Это банк. Это парк. Это театр.
М м, Г г, З з з, И и, Ц ц, ь, Я я э я я
Это магазин. Это метро. Это гостиница.
Это больница. Это аптека. Это туалет.
Вот остановка автобуса, а вот и автобус.
Вот стоянка такси, а вот и такси.
Ю Ю Ю ю + н ю, Ф Ф Ф ф а д ф, Л л
Кто это? Это Юра, он официант.
Это Вера, она балерина.
Х х, Д д, Ж Э У Ж Ж ж, Ё ё, Ш ш
Это Алексей, он художник. Это
Семён, он сантехник. Это Иван
Иванович, он врач. Это Мария
Степановна, она учительница.
Это симпатичная девушка и
приятный молодой человек. Это
Борис Андреевич, он директор,

а это Галя, она секретарь. Это старый профессор, а это молодые студенты. Это кот и собака.

Это большая собака и маленький кот. Это большой кот и маленькая собака. Это старый чемодан и новая сумочка. Это новый чемодан и старая сумка.

Щ щ ещё, женщина

ъ "Коммерсантъ", субъект

- я, л, м: интеллигент, стоянка, новая, приятный, Мария, или, большая, Галя, Боря
- о: гостиница, он, молодой, тоже
- ч: человек, симпатичный, собачка, что, Иван Иванович, учительница

Zur russischen Phonetik

Vokale

а	мама, играет, Боря, я
е	это, нет
и, ы	Ирина, сын
о	он, плохо, тётя, её
у	футбол, люблю

Konsonanten

Jeder Konsonant des Russischen ist entweder palatalisiert (**„мягкий"**, „oben") oder nichtpalatalisiert (**„твёрдый"**, „unten"). Konsonanten, die vor den Buchstaben **я, е, ё, ю, и, ь** stehen, werden "oben", d.h. mit angehobenem Zungenrücken, gesprochen: **Боря, дядя, тётя, нет, живёшь, люблю, квартира, маленький**. (Zwischen dem Konsonanten und dem Vokal wird kein j gesprochen!) Der Unterschied zwischen diesen "palatalisierten" und den "nichtpalatalisierten" Konsonanten ist bedeutungsunterscheidend: **рад - ряд, живот - живёт, угол - уголь, лук - люк.**

Stehen die Buchstaben **я, е, ё, ю** am Wortanfang, nach einem Vokal, oder nach **ь, ъ**, so stehen sie für die Lautkombination **j** + Vokal:
я, её, юг, моя, семья, подъезжать.

1. Sonorlaute

м	много, муж, маленький, Семён
н	мне, сын, но, нет
л	пожалуйста, полкило, люблю, большой
р	брат, играет, редко, Сибирь
j	её, его, я

2. Geräuschlaute

Das Russische unterscheidet stimmhafte und stimmlose Geräuschlaute:

п - б	папа, плохо	бабушка, большой
т - д	ты, это, что, тетя	да, дочка, дядя
с - з	сын, с мамой,	Зина, магазин, зонт
ш - ж	шахматы, играешь	жена, с мужем, уже
к - г	кто, карты	играть, гитара
ф - в	футбол, гольф	Иван, волейбол
х	хорошо, шахматы	
ч	часто, очень	
щ	ещё	

Assimilationsregeln

- Stimmhafte Konsonanten verlieren ihre Stimmhaftigkeit vor stimmlosem Geräuschlaut und am Ende eines Wortes:
  муж [ш]   в шахматы [ф]

- Stimmlose Konsonanten werden vor stimmhaftem Geräuschlaut stimmhaft:
  с братом [з]

Betonung

Jedes russische Wort hat eine betonte Silbe. Welche Silbe eines Wortes betont ist, ist für den Ausländer nicht erkennbar. (Am besten prägt man sich die richtigen Betonungen ein, wenn man viel Russisch hört.) Nur in den betonten Silben werden die Vokale deutlich gesprochen, in unbetonten Silben kommt es zu quantitativen und z.T. auch qualitativen **Reduktionen:**

- unbetontes о fällt mit a zusammen: хорошó, потомý
- unbetonte я, е fallen mit и zusammen[1]: язы́к [ji] телеви́зор

[1] Nicht reduziert werden я und е in Flexionsendungen der Substantiva: Боря, к бабушке

Orthographie

- Für Vokale nach nichtpalatalisiertem, „hartem" Konsonanten stehen а, о, у, ы:
  банк, дом, тут, сын
- Für Vokale nach palatalisiertem, „weichem" Konsonanten stehen я, е, ё, ю, и, ь:
  дядя, телевизор, тётя, люди, учитель

Von der Aussprache abweichend ist die Schreibung der Vokale nach ш, ж, ц bzw. ч, щ. Nach diesen Konsonanten wird in der Regel а, е, и, о/ё, у geschrieben, obwohl dies nur teilweise der Aussprache entspricht:
машина [шы], цирк [цы], час [чя], шёл [шол].

Inkonsequent ist die Schreibung nach ц: in Flexionsendungen wird цы (отцы) geschrieben, ansonsten meistens ци (станция, цирк, цитата).

Nach к, г, х steht а, е, и, о, у. Diese Schreibung entspricht der Aussprache.

Intonation

➡ Im Russischen können durch verschiedene Intonationen Sätze inhaltlich unterschieden werden. Es gibt vier bedeutungsunterscheidende Intonationskonstruktionen:

Интонацио́нные конструкции (ИК)[1]

fallende		steigende	
ИК-1	ИК-2	ИК-3	ИК-4
Наташа дома	Какой это дом?	Наташа дома?	А это?

➡ Verwendung der Intonationen:

ИК- 1	Aussagesatz: Антон читает журнал[1]. Это институт[1]. Abschließender Teil des Aussagesatzes: Мама дома[3/4], / а папа на работе[1].
ИК- 2	Fragesatz mit Fragewort (Ergänzungsfragen): Кто[2] это? Где журнал[2]? Anrede: Маша[2]! Здравствуйте[2]! До свидания[2]!
ИК- 3	Fragesatz ohne Fragewort (Entscheidungsfrage): Наташа читает[3]? Наташа[3] читает? Fragesatz mit "или": Игорь сейчас дома[3] / или на работе[2]? Nichtabschließender Teil des Aussagesatzes: Мама дома[3], / а папа на работе[1]. Вечером[3] / я читаю[1].
ИК- 4	Gegenüberstellende Zusatzfrage: Я живу[1] в Вене. А ты[4]? Nichtabschließender Teil des Aussagesatzes: Мама дома[4], / а папа на работе[1]. Вечером[4] / я читаю[1].

[1] Nach Е.А.Брызгунова, Звуки и интонация русской речи, М. 1977.

Zur Formenlehre des Russischen

Genus

Wie das Deutsche hat das Russische drei Geschlechter (f., m., n.). Das Geschlecht der **Substantiva** ist aus dem Wortende des Nominativs Singular zu erkennen:

Substantiva mit der Endung **а/я** sind **Feminina**: сумка, балерина, Галя
Substantiva mit der Endung **о/е**: sind **Neutra**: метро, вино, море
Substantiva ohne Endung (mit Nullendung ∅)
- auf harten Konsonanten sind **Maskulina**: банк, чемодан, художник
- auf weichen Konsonanten sind **Maskulina**: учитель, врач
oder **Feminina:** площадь, ночь

-а/-я f.	-о/-е n.	∅ harter K. m.	∅ weicher K. m.	 f.
су́мка балери́на Га́ля	вино́ окно́ мо́ре	банк	учи́тель врач музе́й	пло́щадь ночь

➡ Substantiva auf **а/я** können auch Maskulina sein:
Юра, Боря, Саша, дядя, дедушка

➡ Maskuline Berufsbezeichnungen werden auch für Frauen gebraucht:
Галя - секретарь. Ирина Петровна - врач.

➡ Auch die **Adjektiva** haben drei Geschlechter:

m. -ой/-ый/-ий	f. -ая/-яя	n. -ое/-ее
большо́й но́вый ни́жний	больша́я но́вая ни́жняя	большо́е но́вое ни́жнее

➡ Die Adjektiva werden immer mit dem Substantiv nach Geschlecht und Zahl übereingestimmt:

старый чемодан — молодые люди — экономическое училище
новые о́кна — Красная площадь — маленькая собачка

➡ Auch Pronomina werden nach Geschlecht und Zahl mit dem Substantiv übereingestimmt:

Possessivpronomina:	мой брат, моя́ сестра, на́ши дети, ва́ши деньги
Interrogativpronomina:	Како́й автобус? Кака́я цена́? Како́е вино? Каки́е газеты?
Relativpronomina:	дом, кото́рый ... школа, кото́рая ... вино, кото́рое ... газеты, кото́рые ...
Demonstrativpronomina:	э́тот челове́к, э́та же́нщина, э́то вино, э́ти дети
Definitpronomina:	весь дом, вся семья́, всё время, все газе́ты он сам, она сама́, мы са́ми

Überblick über die Deklination der Substantiva, Adjektiva und Pronomina:

Das Russische ist eine **flektierende** Sprache. Die Beziehungen der Wörter untereinander werden durch Endungen ausgedrückt. Es deklinieren Substantiva, Adjektiva und Pronomina.

Das Russische hat sechs Fälle:
Nominativ, Genitiv, Dativ, Akkusativ, Instrumental und Präpositiv.

Nominativ

Die Funktion des Nominativs ist ähnlich wie im Deutschen. Der Nominativ antwortet auf die Frage кто? что? und dient somit zum Ausdruck des Subjekts.

Галина - секретарь.
Мария Степановна работает в школе.

Abweichend vom Deutschen ist die Verwendung des Nominativs zum Ausdruck des Besitzes:
У меня есть машина. Ich habe ein Auto.

Die Formen des Nominativs der Substantiva unterscheiden sich im Singular und im Plural nach den Geschlechtern:

➡ Singular

m. Nullendung Ø harter oder weicher Stammauslaut	n. -о, -е	f. -а, -я	f. auf **-ь** Nullendung Ø weicher Stammauslaut
банк музе́й учи́тель	вино́ мо́ре	газе́та тётя	пло́щадь пять

Ganz wenige Maskulina enden im Nom. Sg. auf **-а/-я (дедушка, дядя, Саша, Боря)** und werden wie Feminina dekliniert.

➡ Plural

m., f. -ы, -и	n. -а, -я
газе́ты ба́нки де́ти	ви́на моря́

Einige wenige Maskulina haben im Nom.Pl. eine (immer betonte) **-á**-Endung **(домá, директорá, учителя́, городá)**.

Die Formen der Adjektiva und Pronomina unterscheiden sich nur im Singular nach den Geschlechtern.

➡ Adjektiva

m. Sg. -ый, -ий, -ой	n. Sg. -ое, -ее	f. Sg. -ая, -яя	Plural -ые, -ие
но́вый большо́й вчера́шний ма́ленький хоро́ший	но́вое большо́е вчера́шнее ма́ленькое хоро́шее	но́вая больша́я вчера́шняя ма́ленькая хоро́шая	но́вые больши́е вчера́шние ма́ленькие хоро́шие

- **Personalpronomina**:
  я, ты, он, она́, оно́, мы, вы, они́

- **Possessivpronomina**:

m. Sg.	n. Sg.	f. Sg.	Plural
мой, твой наш, ваш его́, её, их	моё, твоё на́ше, ва́ше его́, её, их	моя́, твоя́ на́ша, ва́ша его́, её, их	мои́, твои́ на́ши, ва́ши его́, её, их

- **Interrogativpronomina**: како́й, кака́я, како́е, каки́е; кто, что
- **Relativpronomina**: кото́рый, кото́рая, кото́рое, кото́рые
- **Demonstrativpronomina**: э́тот, э́та, э́то, э́ти
- **Definitpronomina**: весь, вся, всё, все
  сам, сама́, само́, са́ми

Genitiv

Funktion: Der Genitiv wird im Russischen wesentlich häufiger verwendet als im Deutschen, er steht **absolut** (d.h. ohne Präposition):

- zur Bezeichnung des Besitzers:
  Это машина моего́ отца́.

- bei Verneinungen:
  Здесь нет гости́ницы.
  У них не́ было де́нег.
  У нас не будет свобо́дного вре́мени.
  Тебя́ не было дома.

- bei Mengenbezeichnungen (partitiver Genitiv):
  Дайте мне ча́шку ча́я.

- nach den Wörtern: мно́го, ма́ло, ско́лько, не́сколько:
  В нашем доме мно́го дете́й.
  Der partitive Genitiv kann bei den Maskulina auf -у enden (много наро́ду).

- zur Fixierung des Datums: „am 6. Jänner" ist im Russischen ohne Präposition, mit dem reinen Genitiv zu übersetzen:
  Мы встретимся шесто́го января́.
  У меня день рождения пя́того а́вгуста.

➡ Alle Zahlwörter außer 1, 21, 31 ... verlangen den Genitiv.
Nach 2, 3, 4; 22, 23, 24; 32,33, 34 ... steht der Genitiv Singular:

два часá, три гóда, две минýты

Nach allen anderen Zahlwörtern steht Genitiv Plural:

пять лет, десять миллиóнов, шесть ты́сяч

(Diese Regel gilt allerdings nur, wenn der gesamte Zahlenausdruck im Nom. oder Akk. steht; vgl. hingegen: **к четырём часáм.**)

Eine Reihe von **Präpositionen** verlangen den Genitiv:

➡ у + Gen. „haben" **У меня есть машина.**
У наших знакóмых нет детей.

➡ **orts- und zeitbestimmende** Präpositionen:

слéва от газетного киоска	links von
спрáва от медицинской библиотеки	rechts von
напрóтив Исторического музея	gegenüber
недалекó от старого собора	unweit, in der Nähe von
óколо Большого театра	bei, in der Nähe von
óколо шести́	ungefähr um sechs
у Ивана, у Ирины	bei
от Бориса, от Зины	von
до центра, до свидания	bis
от четырёх до пяти́	von vier bis fünf
с часу до двух	von eins bis zwei
Сколько с меня?	Wieviel (bekommen Sie) von mir?

➡ andere Präpositionen, die den Genitiv verlangen:

с пéрвого рáза	vom ersten Mal an
с сáмого начáла	von allem Anfang an
с твоегó разрешения́	mit deiner Erlaubnis
без разрешéния	ohne Erlaubnis
батарéйки для фотоаппарáта	Batterien für den Fotoapparat
после работы	nach der Arbeit

➡ Die russische **Uhr** ist nur mit dem Genitiv zu bewältigen:

двадцать минýт шестóго	5.20	(17.20)
без десяти́ минýт восемь	7.50	(19.50)
чéтверть пя́того	4.15	(16.15)
без чéтверти семь	6.45	(18.45)

Formen des Genitivs

Die **Substantivendungen** des **Genitiv Singular** unterscheiden sich nach dem Geschlecht:

m., n. -а, -я	f. auf -а, -я -ы, -и	f. auf -ь -и
у брáта от Сергéя у окнá óколо мóря	у сестры́ у тёти	óколо плóщади

Die **Substantivendungen** des **Genitiv Plural** unterscheiden sich teils nach dem Geschlecht, teils nach dem Stammauslaut:

-ов	Maskulina, die **nicht** auf -ь, -ш, -ж, -ч, -ш ausgehen шесть миллиóнов, билéтов, отцóв
endungslos	Feminina auf -а, -я, -ия und Neutra auf -о, -ие пять ты́сяч, недéль, дéнег, стáнций, óкон, лет, здáний
-ей	Substantiva auf -ь, -ш, -ж, -ч, -щ (ungeachtet ihres Geschlechts) Neutra auf -е детéй, роди́телей, учителéй, врачéй, площадéй, этажéй, морéй
-ев	Maskulina mit unbetonter Endung auf -ц, -й музéев, трамвáев, нéмцев, санатóриев

Bei den endungslosen Formen kommt es im Russischen häufig zu Vokaleinschüben (**е** oder **о**), um sicherzustellen, daß man das Wort auch aussprechen kann. Das betrifft sowohl den Genitiv Plural der Neutra und Feminina, als auch den Nominativ Singular der Maskulina:
от**é**ц – отцá, ребён**о**к – ребёнка, окнó – óк**о**н,
дéньги – дéн**е**г, дéвушка – дéвуш**е**к.

➡ Adjektiva

m, n. Sg. -ого, -его	f. Sg. -ой, -ей	Plural -ых, -их
нóвого большóго вчерáшнего хорóшего	нóвой большóй вчерáшней хорóшей	нóвых больши́х вчерáшних хорóших

➡ **Personalpronomina**:
Кого не́ было? **меня́, тебя́, его́, её, нас, вас, их**
У кого есть машина?
У меня́. У тебя́. У него́. У неё. У нас. У вас. У них.
Die Formen него́, неё, них werden nur nach Präpositionen verwendet.

➡ **Possessivpronomina**:

у **моего́** бра́та у **мое́й** сестры́ у **на́шего** па́пы у **на́шей** тёти
у **твоего́** дру́га у **твое́й** подру́ги у **ва́шего** дя́ди у **ва́шей** мамы
у **его́** сестры́ у **её** бра́та у **их** дру́га

у **мои́х** роди́телей у **на́ших** дете́й
у **твои́х** соседей у **ва́ших** знако́мых
у **его́** сосе́дей, у **её** бра́тьев, у **их** детей

Die Possessivpronomina der 3. Person его, её, их deklinieren nicht. Sie bleiben auch nach Präpositionen ohne н-Vorschlag.

➡ **Demonstrativpronomen**: у **э́того** мальчика, у **э́той** девочки, у **э́тих** детей

➡ **Interrogativpronomina**: **кого́, чего́**
како́го, како́й, каки́х

➡ **Relativpronomina**: **кото́рого, кото́рой, кото́рых**
Борис, **сын кото́рого** учится в консерватории, живет в деревне.

➡ **Definitpronomina**: **всего́, всей, всех**
самого́, само́й, сами́х

Dativ

Funktion: Der Dativ wird im Russischen zum Teil ähnlich wie im Deutschen verwendet.

➡ Ausdruck des Gebens: Дайте мне, пожалуйста, конфетку.

➡ Ausdruck des Befindens, der Stimmung, der Gefühle:
Мне холодно! Тебе плохо? Борису скучно.

➡ Die Präposition к entspricht der Präposition „zu", bei Zeitbestimmungen „gegen":
Приходите к нам в гости! К четырём я не успею.

Abweichend vom Deutschen ist die Verwendung des Dativs

- bei der Frage nach dem Alter: Сколько тебе лет?
- bei der Frage nach Wünschen: Вам кофе? Куда вам ехать?
- beim Telefonieren: Тебе звонил Борис.
- zur Angabe des Subjekts bei Ausdrücken des Brauchens, Sollens, Nicht-Dürfens: Вам нужны деньги? Мне надо позвонить. Нам нельзя опаздывать!
- Die Präposition по verlangt den Dativ: говорить по телефону, гулять по городу
- Nach den Verben мешать, завидовать: Не мешай мне, я занимаюсь! Я тебе завидую!

Formen des Dativs

- **Substantiva**:

Singular			Plural
m., n. -у, ю	f. auf -а, -я -е	f. auf -ия, -ь -и	-ам, -ям
к бра́ту к Серге́ю к мо́рю	к сестре́	к ста́нции по Сиби́ри	по утра́м де́тям

- **Adjektiva**:

Singular		Plural
m., n. -ому, -ему	f. -ой, -ей	- ым, -им
но́вому большо́му вчера́шнему	но́вой большо́й вчера́шней	но́вым больши́м вчера́шним

- ***Кому?***
  Этому ма́ленькому ма́льчику. Этой ма́ленькой де́вочке.

➡ **Personalpronomina**:
Кому? **мне, тебе, ему, ей, нам, вам, им**

➡ **Possessivpronomina:**

моему́ брату **мое́й** сестре **на́шему** папе **на́шей** бабушке
твоему́ сыну **твое́й** дочке **ва́шему** дяде **ва́шей** соседке
его́ сестре **её** брату **их** сыну

мои́м де́тям **на́шим** ро́дственникам (Verwandte)
твои́м друзья́м **ва́шим** сосе́дям
его́ сёстрам, **её** братьям **их** де́тям

➡ **Demonstrativpronomen:** **э́тому** мальчику, **э́той** девочке, **э́тим** детям
➡ **Interrogativpronomina:** кому́, чему́
како́му, како́й, каки́м
➡ **Relativpronomen:** кото́рому, кото́рой, кото́рым
➡ **Definitpronomina:** всему́, всей, всем
самому́, само́й, сами́м

Akkusativ

Funktion: Der Akkusativ wird im Russischen ähnlich wie im Deutschen verwendet als
➡ direktes Objekt: Лена любит **классическую музыку.**
Я хорошо знаю **английский язык.**

Abweichend vom Deutschen ist die Rektion der Verben:
➡ по́мнить (sich erinnern können) Я хорошо помню **дедушку.**
➡ поздравля́ть (gratulieren) Я поздравляю **тебя** с Новым годом.
➡ die Frage nach dem Vornamen: Как зовут **эту девушку**?

Präpositionen, die den Akkusativ verlangen:
➡ в, на (in, auf) auf die Frage куда? - Куда ты идёшь?
- Я иду **на стадион**.
Ирочка ходит **в детский сад**.
➡ че́рез (in, über) - Когда ты едешь **в Москву**?
- **Через неделю**.
- Как получить визу?
- **Через туристическое агентство**.
за (auf) **За наше знакомство**!
про (über) Расскажи **про свою бабушку**!

Formen des Akkusativs

Der **Akkusativ** hat im Russischen nur **im Singular** für die **Feminina auf** -а/-я und die **femininen Adjektiva** eine eigene Form:

Я еще помню **нашу бабушку**.
Позови **Настю!**
Дайте мне, пожалуйста, **красную рыбу**.
Мы вчера слушали **"Пиковую даму"**.
Эту женщину зовут Мария Петровна.

In allen anderen Fällen werden die Formen des Nominativs (bei „Unbelebten") oder die des Genitivs (bei den „Belebten") als Akkusativformen verwendet. „Belebt" oder „beseelt", wie es auf Russisch heißt, sind im Sinne der Grammatik Menschen und Tiere.

Bei den **"Unbelebten"** stehen die Nominativformen für den Akkusativ:

Я люблю **белое вино**.
Вы видите **серое здание** напротив?
Ты хорошо знаешь **французский** язык?

Bei den **"Belebten"** stehen die Genitivformen für den Akkusativ:

Я люблю нашего **старого кота́**.
Я помню **французских студенток**, которые учились с нами.
Ты еще помнишь **нашего преподавателя Ивана Борисовича?**
Я люблю и **Чайковского**, и **Шостаковича**.
Как **тебя** зовут?
Как зовут **этого мальчика?**

Instrumental

Funktion: Der russische **Instrumental** dient **absolut** (ohne Präposition) zum Ausdruck von

- Existenz: Он **был** мо**им** лу́чш**им** дру́г**ом**.
  Он **счита́лся** прекра́сн**ым** дирижёр**ом**.
- Werkzeug: **Чем** вы пишете? Ру́чк**ой** или флома́стер**ом**?
- „als": Мы **всей семьёй** едем в Грецию.
  Кем вы работаете? Врач**о́м**? Медсестр**о́й**?
  Он работал учи́тел**ем**, экскурсово́д**ом**, хи́мик**ом**.

Einige **Verben** haben, abweichend vom Deutschen, eine Instrumentalrektion:

- **занима́ться** *чем* — Какими языками вы **занимаетесь**?
- **поздравля́ть** *кого с чем* — Он меня **поздравил с днем** рождения.
- **пользоваться** *чем* — Ты умеешь **пользоваться** компьютером?

Zeitbestimmungen mit dem **reinen Instrumental**:

у́тром, днём, ве́чером, но́чью, ле́том, зимо́й, о́сенью, весно́й, ноча́ми nächtelang, це́лыми дня́ми tagelang

Präpositionen, die den **Instrumental** verlangen:

- с (mit) — чай **с лимоном**, кофе **со сливками**, мы **с женой**
  Пойдешь **со мной** в бассейн?
  С твоими родителями.
- за (hinter; um) — **за угло́м**
  Сходи **за хлебом**!
  Она следит **за своей фигурой.**
- перед (vor) — Он сидит **перед телевизором**.

Formen des Instrumentals

Substantiva

Singular			Plural
m., n. -ом, -ем -ём	f. -а, -я -ой, -ей, -ёй	f. auf -ь -ью	-ами, -ями
с са́харом с молоко́м с му́жем днём	с жено́й с до́чкой с тётей семьёй	но́чью	со сли́вками с роди́телями

Adjektiva

Singular		Plural
m., n. -ым, -им	f. -ой, -ей	-ыми, -ими
но́вым больши́м вчера́шним	но́вой большо́й вчера́шней	но́выми больши́ми вчера́шними

- **Personalpronomina**:
  С *кем*?
  со **мно́й**, с **тобо́й**, с **ним**, с **ней**, с **на́ми**, с **ва́ми**, с **ни́ми**
- **Possessivpronomina:**

с **мои́м** братом	с **мое́й** сестрой	с **на́шим** папой	с **на́шей** тетей
с **твои́м** сыном	с **твое́й** дочкой	с **ва́шим** дядей	с **ва́шей** женой
с **его́** сестрой	с **её** братом	с **их** сыном	

с **мои́ми** детьми́	с **на́шими** ро́дственниками (Verwandte)
с **твои́ми** друзья́ми	с **ва́шими** сосе́дями
с **его** детьми́, с **её** бра́тьями	с **их** друзья́ми

- **Demonstrativpronomen**:
  с **э́тим** мальчиком, с **э́той** девочкой, с **э́тими** детьми́
- **Interrogativpronomina:**
  кем, чем
  С кем ты играешь в шахматы?
  Кем работает ваш муж?
  Чем вы занимаетесь в свободное время?
  каки́м, како́й, каки́ми
  Каким видом спорта вы занимаетесь?
- **Relativpronomen:** кото́рым, кото́рой, кото́рыми
  Это тот парень, **с которым** она танцевала вчера.
- **Definitpronomina:** всем, всей, всеми
  сами́м, само́й, сами́ми

Präpositiv

Funktion: Der Präpositiv ist der einzige Kasus des Russischen, der nicht absolut, sondern nur mit Präposition verwendet werden kann.

- на, в (auf die Frage где) — Я учусь **в Венском университете**.
  Вера живет **на шестом этаже**.
- о, об (über) — О **чём** он спрашивал? (Wonach hat er gefragt?)
  Они рассказывали **о своих впечатле́ниях** (über ihre Eindrücke).
  Что ты знаешь **об этом молодом человеке?**
  О **чём** ты думаешь?

Formen des Präpositivs

➡ Substantiva

Singular		Plural
m., n., f. -е	m. auf **-ий**, n. auf **-ие**, f. auf **-ь**, **-ия** -и	-ах, -ях
в Москвé в Петербýрге об учи́теле	в Сиби́ри на стáнции в кафетéрии на предприя́тии в здáнии	в гостя́х на лы́жах

Einige Maskulina haben eine zweite Präpositivform auf **-ý**, die nur zur Ortsangabe in Verbindung mit den Präpositionen **в**, **на** verwendet wird: **в лесý, в детском садý в аэропортý, в углý.**

➡ Adjektiva

Singular		Plural
m., n. -ом, -ем	f. -ой, -ей	-ых, -их
нóвом большóм вчерáшнем	нóвой большóй вчерáшней	нóвых больши́х вчерáшних

➡ Personalpronomina:

О ком вы говорили?

обо мнé, о тебé, о нём, о ней, о нас, о вас, о них

➡ Possessivpronomina:

о **моём** брáте о **моéй** сестрé о **нáшем** пáпе о **нáшей** тёте
о **твоём** сы́не о **твоéй** дóчке о **вáшем** дя́де о **вáшей** женé
о **егó** сестрé о **её** брáте об **их** сы́не

о **мои́х** друзья́х о **нáших** знакóмых
о **твои́х** дéтях о **вáших** рóдственниках
о **егó** сёстрах, о **её** брáтьях об **их** дéтях

➡ Demonstrativpronomen:

об э́том мальчике, об **э́той** девочке, об **э́тих** детях

➡ **Interrogativpronomina:**

о ком, о чём	**О ком** ты говорил?
	О чём она пишет?
в како́м, в како́й, в каки́х	**На каком** факультете вы учитесь?

➡ **Relativpronomen:**

в кото́ром, в кото́рой, в кото́рых

Это дом, **в котором** живет Вера.

Это соседи, **о которых** я говорила.

➡ **Definitpronomina**:

во всём мире, **во всей** деревне, **во всех** городах

в само́м городе, **в само́й** деревне, **о сами́х** детях

Tabellarische Übersicht der Deklinationen

Substantiva:

	1. Deklination				2. Deklination		
	mask.		neutr.		fem.		
Sing.	hart	weich	hart	weich	hart	weich	
Nom.	теáтр	учи́тель	винó	мóре	газéта	недéля	аудитóрия
Gen.	теáтра	учи́теля	винá	мóря	газéты	недéли	аудитóрии
Dat.	теáтру	учи́телю	винý	мóрю	газéте	недéле	аудитóрии
Akk.	театр[1]	учи́теля[2]	винó	мóре	газéту	недéлю	аудитóрию
Instr.	теáтром	учи́телем	винóм	мóрем	газéтой	недéлей	аудитóрией
Präp.	о теáтре	об учи́теле	о винé	о мóре	о газéте	о недéле	в аудитóрии
Plural							
Nom.	теáтры	роди́тели	ви́на	моря́	газéты	недéли	аудитóрии
Gen.	теáтров	роди́телей	вин	морéй	газéт	недéль	аудитóрий
Dat.	теáтрам	роди́телям	ви́нам	моря́м	газéтам	недéлям	аудитóриям
Akk.	теáтры	роди́телей	ви́на	моря́	газéты	недéли	аудитóрии
Instr.	теáтрами	роди́телями	ви́нами	моря́ми	газéтами	недéлями	аудитóриями
Präp.	о теáтрах	о роди́телях	о ви́нах	о моря́х	о газéтах	о недéлях	в аудитóриях

[1] unbelebt
[2] belebt

3. Deklination fem. -ь	
Sg.	Pl.
плóщадь	плóщади
плóщади	площадéй
плóщади	площадя́м
плóщадь	плóщади
плóщадью	площадя́ми
на плóщади	на площадя́х

Unregelmäßiges Neutrum:	
Sg.	Pl.
врéмя	временá
врéмени	времен
врéмени	временáм
врéмя	временá
врéменем	временáми
о врéмени	о временáх

ebenso: и́мя

Einige Substativa, die du gelernt hast, haben eine unregelmäßige Pluralbildung:

брáтья	друзья́	сёстры	сыновья́
брáтьев	друзéй	сестёр	сыновéй
брáтьям	друзья́м	сёстрам	сыновья́м
брáтьев	друзéй	сестёр	сыновéй
брáтьями	друзья́ми	сёстрами	сыновья́ми
о брáтьях	о друзья́х	о сёстрах	о сыновья́х

Die Wörter **мать** (Mutter) und **дочь** (Tochter) haben eine altertümliche Deklination:

ма́ть	до́чь
ма́тери	до́чери
ма́тери	до́чери
ма́ть	до́чь
ма́терью	до́черью
о ма́тери	о до́чери

мать kommt nur in offiziellen oder geschriebenen Texten vor. In der gesprochenen Sprache verwenden die Russen **мама.** Der Grund dafür liegt wohl daran, daß es im Russischen eine Reihe von „Mutterflüchen" gibt.

Adjektiva:

m.		f.		n.		Plural	
hart	weich	hart	weich	hart	weich	hart	weich
но́вый	ни́жний	но́вая	ни́жняя	но́вое	ни́жнее	но́вые	ни́жние
но́вого	ни́жнего	но́вой	ни́жней	но́вого	ни́жнего	но́вых	ни́жних
но́вому	ни́жнему	но́вой	ни́жней	но́вому	ни́жнему	но́вым	ни́жним
но́вый/-ого	ни́жний/-его	но́вую	ни́жнюю	но́вое	ни́жнее	но́вые/-ых	ни́жние/-их
но́вым	ни́жним	но́вой	ни́жней	но́вым	ни́жним	но́выми	ни́жними
но́вом	ни́жнем	но́вой	ни́жней	но́вом	ни́жнем	но́вых	ни́жних

Die „weichen" Adjektive sind orts- und zeitbestimmend:
вчера́шний, дома́шний, сего́дняшний.

Pronomina:

Personalpronomina

я	ты	он	она́	оно́	мы	вы	они́
меня́	тебя́	его́	её	его́	нас	вас	их
мне	тебе́	ему́	ей	ему́	нам	вам	им
меня́	тебя́	его́	её	его́	нас	вас	их
мной	тобо́й	им	ей/ею	им	на́ми	ва́ми	и́ми
обо мне	о тебе́	о нём	о ней	о нём	о нас	о вас	о них

Possessivpronomina

мой	моя́	моё	мои́
моего́	мое́й	моего́	мои́х
моему́	мое́й	моему́	мои́м
мой/моего́	мою́	моё	мои́/мои́х
мои́м	мое́й	мои́м	мои́ми
о моём	о мое́й	о моём	о мои́х

Nach diesem Muster dekliniert auch **твой, свой.**

наш	нáша	нáше	нáши
нáшего	нáшей	нáшего	нáших
нáшему	нáшей	нáшему	нáшим
наш/нáшего	нáшу	нáше	нáши/наших
нáшим	нáшей	нáшим	нáшими
о нáшем	о нáшей	о нáшем	о нáших

Nach diesem Muster dekliniert auch **ваш**.

Demonstrativpronomina

э́тот	э́та	э́то	э́ти	тот	та	то	те
э́того	э́той	э́того	э́тих	тогó	той	тогó	тех
э́тому	э́той	э́тому	э́тим	томý	той	томý	тем
э́тот/э́того	э́ту	э́то	э́ти/э́тих	тот/того	ту	то	те/тех
э́тим	э́той	э́тим	э́тими	тем	той	тем	тéми
об э́том	об э́той	об э́том	об э́тих	о том	о той	о том	о тех

Definitpronomina

сам	самá	самó	сáми	весь	вся	всё	все
самогó	самóй	самогó	самúх	всегó	всей	всего	всех
самомý	самóй	самомý	самúм	всемý	всей	всему	всем
сам/самого	самоё/самý	самó	сáми/-их	весь/всегó	всю	всё	все/всех
самúм	самóй/óю	самúм	самúм	всем	всей	всем	всéми
о самóм	о самóй	о самóм	о самúх	обо всём	о всей	обо всём	о всех

Interrogativpronomina

кто	что
когó	чегó
комý	чемý
когó	что
кем	чем
о ком	о чём

Relativpronomen

котóрый	котóрая	котóрое	котóрые
котóрого	котóрой	котóрого	котóрых
котóрому	котóрой	котóрому	котóрым
к-ый/к-ого	котóрую	котóрое	к-ые/к-ых
котóрым	котóрой	котóрым	котóрыми
о котóром	о котóрой	о котóром	о котóрых

Reflexives Possessivpronomen

	Sg.		Pl.
m.	f.	n.	
свой[1]	своя́	своё	свои́
своего́	свое́й	своего́	свои́х
своему́	свое́й	своему́	свои́м
свой/своего́	свою́	своё	свои́/свои́х
свои́м	свое́й	свои́м	свои́ми
о своём	о свое́й	о своём	о свои́х

Das **reflexive Possessivpronomen** bezieht sich auf das Subjekt des Satzes es kann мой, твой, наш, ваш, ersetzen:

Я говорила с моим / со своим профессором.

In der 3. Person ist zwischen свой und его/её zu unterscheiden:.

Он живёт в своей квартире. Er wohnt in seiner (eigenen) Wohnung.
Я живу в его квартире. Ich wohne in seiner Wohnung.

Die Formen свой, своя́, своё, свои́ haben die Bedeutung „eigen" angenommen:

У меня своя комната. Ich habe ein eigenes Zimmer.

Das **reflexive Personalpronomen** hat keine eigene Nominativform:

себя́	Олег у себя в комнате (in seinem Zimmer)
себе́	Я купила себе новую сумку.
себя́	Как ты себя чувствуешь?
собо́й	Ты взял с собой зонтик?
о себе́	Она постоянно говорит о себе.

Zur Formenlehre der Verben

Die russischen Verben werden im wesentlichen nach zwei Paradigmen konjugiert:

Die e-Konjugation

рабо́тать

я рабо́та**ю**	мы рабо́та**ем**
ты рабо́та**ешь**	вы рабо́та**ете**
она рабо́та**ет**	они рабо́та**ют**

рабо́та**л**, рабо́та**ла**, рабо́та**ли**

рабо́та**й**! рабо́та**йте**!

Die i-Konjugation

говори́ть

я говор**ю́**	мы говор**и́м**
ты говор**и́шь**	вы говор**и́те**
он говор**и́т**	они говор**я́т**

говори́**л**, говори́**ла**, говори́**ли**

говор**и́**! говор**и́те**!

Bei reflexiven Verben folgt auf die jeweilige Verbform nach Vokal **-сь,** nach Konsonant **-ся**:

занима́ться

я занима́**юсь**	мы занима́**емся**
ты занима́**ешься**	вы занима́**етесь**
он занима́**ется**	они занима́**ются**

занима́**лся**, занима́**лась**, занима́**лись**

занима́**йся**! занима́**йтесь**!

учи́ться

я уч**у́сь**	мы у́ч**имся**
ты у́ч**ишься**	вы у́ч**итесь**
он у́ч**ится**	они у́ч**атся**

учи́**лся**, учи́**лась**, учи́**лись**

учи́**сь**! учи́**тесь**!

- **Formen des Präteritums:**
  Man geht vom Infinitiv aus und ersetzt **-ть** durch **-л, -ла, -ло, -ли.**

- **Formen des Futurs:**
  Imperfektive Verben bilden ein zusammengesetztes Futur:
  Летом я **буду отдыхать** на даче.
  Где ты **будешь учи́ться** после школы?
  Perfektive Verben haben kein Präsens, die finiten Formen stellen den vollendeten Aspekt des Futurs dar: Когда ты **прие́дешь**?
  Я возьму́ шоколад.

Formen des Imperativs:

-й /-йте,	wenn der Präsensstamm auf einen **Vokal** ausgeht: чита́й, отдыха́й, занима́йтесь
-и /-ите,	wenn der Präsensstamm auf **zwei Konsonanten** ausgeht, oder auf einen **Konsonaten** und die **1. Pers. Sg. endbetont** ist: по́мни, купи́, бери́те, скажи́те
-ь /-ьте,	wenn der Präsensstamm auf einen **Konsonanten** ausgeht und die **1. Pers. Sg. nicht endbetont** ist: бу́дьте добры́, встре́тьте, встань

Die Partizipien:

Präsens Aktiv		**Identifikationsmerkmal -Щ-ий**	
Part. präs. akt.	**3. Plural**	**Infinitiv**	**wörtliche Bedeutung**
чита́ющий	читают	читать	der lesende ...
говоря́щий	говорят	говорить	der sprechende ...
куря́щий	ку́рят	кури́ть	der rauchende ...

Präsens Passiv (selten)		**Identifikationsmerkmal: -М-ый**	
Part. präs. pas.	**1. Plural**	**Infinitiv**	**wörtliche Bedeutung**
чита́емый	читаем	читать	der gelesen werdende ...
называ́емый	называем	называть	der genannt werdende ...

Präteritum Aktiv		**Identifikationsmerkmal: -ВШ-ий / -Ш-**	
Part. prät. aktiv	**Präteritum**	**Infinitiv**	**wörtliche Bedeutung**
прие́хавший	приехал	приехать	der angekommene ...
поги́бший	погиб	погибнуть	der umgekommene ...

Präteritum Passiv		**Identifikationsmerkmal: -НН-ый / -Т-ый**
Part. prät. pass.	**Infinitiv**	**wörtliche Bedeutung**
зака́занный	заказа́ть	bestellt
забы́тый	забыть	vergessen

Die beiden passiven Partizipien können auch als Prädikat auftreten. Sie stehen dann in der KURZFORM: Касса открыта.
Касса была открыта.
Касса будет открыта. Билеты были куплены заранее.

Adverbialpartizip	
gleichzeitig imperfektiv	**vorzeitig perfektiv**
чита́я lesend	прочита́в gelesen habend

Vokabelliste

а	und, aber	1
а то	sonst	9
абрико́сы	Marillen	10
авто́бус	Autobus	1
автоотве́тчик	Anrufbeantworter	12
администра́тор	Verwalter, Leiter	2
актри́са	Schauspielerin	8
анана́с	Ananas	10
англи́йский	englisch	3
Англия	England	4
апельси́н	Orange	9
апельси́новый	Orangen-	9
апте́ка	Apotheke	2
арбу́з	Wassermelone	10
ба́бушка	Großmutter	5
ба́бушка с де́душкой	die Großeltern	5
Байка́л	Baikalsee	11
баклажа́н	Melanzani	10
балери́на	Ballerina	1
бана́н	Banane	10
банк	Bank	9
ба́нковский	Bank-	9
банкома́т	Bankomat	2
бар	Bar	2
бараба́н	Trommel	7
бассе́йн	Schwimmbad	2
бе́гать	laufen	8
беговы́е лы́жи	Langlaufskier	8
без + Gen.	ohne	9
бе́лый	weiß	9
бесе́довать	(be)sprechen	11
беспоко́йство	Störung	12
библиоте́ка	Bibliothek	8
библиоте́карь	Bibliothekar(in)	3
биологи́ческий	biologisch	8
бли́зко	nahe	11
близнецы́	Zwillinge	4
блю́до	Speise, Gericht	9
бока́л	Weinglas, Kelch	9
болта́ть	plaudern	11
больни́ца	Krankenhaus	1
бо́льше	mehr	7
бо́льше всего́	am meisten	7
бо́льше нет	keine mehr	4
бо́льше чем	mehr als	9
большо́й	groß	1
босоно́жки	Sandalen	10
бро́сить v.	aufgeben	7
брат	Bruder	4
брать uv. взять v.	nehmen	9
брусни́ка	Preiselbeeren	9
бу́дущий	zukünftig	11
буты́лка	Flasche	9
быва́ть	(wo) sein	11
быть	sein	9
в + Präp.	in	3
в + Akk.	nach	3
ва́нная	Badezimmer	11
вегетариа́нец, -ка	Vegatarier/in	9
вегетариа́нский	vegetarisch	9
ведь	doch	8
велосипе́д	Fahrrad	8
весёлый	fröhlich	4
весь день	den ganzen Tag	12
весь, вся, всё	alles, ganz	11
ве́чер	Abend	8
ве́чером	am Abend	8
взаи́мно	gegenseitig	5
взять v.	nehmen	10
вид	Art, Aussicht	8
ви́деть	sehen	3
ви́димо	offenbar	12
вино́	Wein	9
виногра́дный сок	Traubensaft	9
виолонче́ль f.	Cello	7
висе́ть	hängen	12
ви́шня	Weichsel	9
вишнёвый сок	Kirschsaft	9
вкус	Geschmack	9
вку́сно	lecker, gut	9
вме́сте	zusammen	10
внук	Enkel	6
вода́	Wasser	9
возвраща́ться uv.	zurückkommen	10
вон	dort (weiter weg)	2
вопро́с	Frage	4
восьмо́й	achter	8
вот	hier ist, hier sind	1
врач	Arzt, Ärztin	1

вре́мя n. Gen. вре́мени	Zeit	8
все	alle	11
всё	alles	5
всё бли́зко	alles ist nah	11
всё вре́мя	die ganze Zeit	11
всё же	dennoch	11
всё по-ста́рому	alles beim Alten	5
всё равно́	trotzdem	5
всё слы́шно	alles ist zu hören	11
всегда́	immer	10
встреча́ться uv.	sich treffen	9
встре́титься v.		9
второ́й	zweiter	2
вход	Eingang	2
вчера́	gestern	8
вы́бор	Auswahl	10
вы́брать v.	auswählen	9
вы́звать v.	rufen, herbeirufen	12
выра́щивать	züchten	11
вы́ход	Ausgang	2
выходи́ть, вы́йти	hinausgehen	12
выходны́е (дни)	Wochenende, Feiertage	12
вы́ше	höher	11
газ	Gas	9
газе́та	Zeitung	10
галантере́я	Kurzwaren	10
гардеро́б	Garderobe	2
где	wo	2
где и́менно	wo genau	5
Герма́ния	Deutschland	4
гла́вный	Haupt-	4
говори́ть	sprechen	11
год, Gen. Pl. лет	Jahr	6
го́рные лы́жи	Alpinskier	8
го́род	Stadt	4
городско́й	Stadt-, städtisch	3
горя́чий	heiß	9
гости́ница	Hotel	1
гость m.	Gast	8
гото́вить	kochen, zubereiten	11
грана́товый сок	Granatapfelsaft	9
гре́ческий	griechisch	9
гриб	Pilz	9
грибно́й	Pilz-	9

гуля́ть	spazieren (gehen)	8
да	ja	1
дава́й сыгра́ем	Spielen wir!	8
давно́	seit langem	11
да́же	sogar	3
да́же не(т)	nicht einmal	8
далеко́	weit weg	2
дать, да́йте!	geben	9
да́ча	Ferienhaus	5
двойно́й	doppelt	9
двор	Hof	11
двою́родная сестра́	Cousine	5
де́вочка	kleines Mädchen	8
де́вушка	junge Frau	1
девя́тый	neunter	9
де́душка	Großvater	6
действи́тельно	wirklich	12
де́лать	tun, machen	8
делать поку́пки	einkaufen	10
де́лать ремо́нт	renovieren	11
день m.	Tag	8
день рожде́ния	Geburtstag	11
де́ньги	Geld	4
дере́вня	Dorf	11
деся́тый	zehnter	10
детекти́в	Kriminalroman	8
де́ти	Kinder	3
де́тская площа́дка	Kinderspielplatz	11
де́тский	Kinder-	3
де́тский сад	Kindergarten	3
де́тство	Kindheit	8
дёшево	billig	10
джаз	Jazz	7
дива́н	Sofa	8
дире́ктор	Direktor(in)	1
дирижёр	Dirigent(in)	4
дискоте́ка	Diskothek	7
дли́нный	lang	11
для + Gen.	für	12
днём	tagsüber	8
до сих по́р	bis jetzt	12
доба́вочный	zusätzlich	12
до́брый	gut	11
дозвони́ться v.	telefonisch erreichen	12

Russisch	Deutsch	Lektion
документа́льный фильм	Dokumentarfilm	8
до́лжен, должна́, должны́	müssen, sollen	12
дом	Haus	2
до́ма	zu Hause	4
дома́шний	Haus-	12
домо́й	nach Hause	10
домосе́д	Stubenhocker	11
до́рого	teuer	10
до́чка	Tochter	3
друг, Pl. друзья́	Freund	4
дружи́ть с + Instr.	befreundet sein	7
ду́мать	denken	6
ды́ня	Zuckermelone	10
дя́дя	Onkel	6
Евро́па	Europa	9
европе́йский	europäisch	9
ежеви́ка	Brombeeren	10
е́сли ..., то ...	wenn ..., dann ...	9
есть	essen	9
есть + Nom.	es gibt	3
е́хать uv.	fahren (gerichtet)	12
ещё	noch	3
ещё не	noch nicht	3
ещё раз	noch einmal	2
жа́реный	gebraten	9
ждать uv.	warten	12
же	ja, doch	7
жела́ть	wünschen	9
жена́	Ehefrau	11
жена́т	verheiratet (Mann)	8
же́нщина	Frau	10
живо́тное	Tier	4
жить	leben, wohnen	11
за + Akk.	für, auf	9
за + Instr.	um	10
за го́родом	auf dem Land	12
за угло́м	um die Ecke	2
забы́ть v.	vergessen	10
зави́довать	beneiden	12
за́втра	morgen	6
заде́рживаться	verspätet sein	12
зажига́лка	Feuerzeug	10
зака́зывать	bestellen	9
замеча́тельно	super	5
занима́ться	lernen, arbeiten (z.B. am Computer)	11
занима́ться + Instr.	sich beschäftigen mit	4
заня́тие	Unterricht	12
за́нято	besetzt	12
заодно́	zugleich	11
запечённый	überbacken	9
зара́нее	im Voraus	9
заходи́ть, зайти́	(kurz) besuchen, vorbeischauen	10
звать, зову́, зовёшь, зову́т	rufen, nennen	3
звони́ть кому	anrufen, telefonieren	12
здесь	hier	2
здоро́вье	Gesundheit	9
Здра́вствуй! Здра́вствуйте!	Begrüßung	5
зелёный	grün	9
земляни́ка	Walderdbeeren	10
зима́	Winter	8
зимо́й	im Winter	8
знако́миться с кем	bekannt werden mit	5
знако́мство	Bekanntschaft	9
знако́мый	Bekannter	4
знать	wissen, kennen, können	3
знать толк в + Präp.	sich auskennen	10
зо́нтик	Regenschirm	4
и	und	1
и ... и ...	sowohl ... als auch ...	3
и тот и друго́й	beide	12
игра́ть, сыгра́ть	spielen	7
игра́ть в + Akk.	spielen (Sportart)	8
игра́ть на + Präp.	spielen (Instrument)	8
идти́ uv.	gehen (gerichtet)	12
из + Gen.	aus	9
извини́те	entschuldigen Sie	2
и́ли	oder	1
иногда́	manchmal	7
иногоро́дний	auswärtig	11
иностра́нный	ausländisch	10
иностра́нный язы́к	Fremdsprache	4
институ́т	Hochschule	11
интере́сный	interessant	7

интерне́т	Internet	10
иска́ть	suchen	11
испа́нский	spanisch	4
исполня́ться	sich erfüllen	6
Ита́лия	Italien	4
к + Dat.	zu	8
к сожале́нию	leider	4
кабачо́к	Zucchini	10
Кавка́з	Kaukasus	10
ка́ждую неде́лю	jede Woche	10
ка́ждую пя́тницу	jeden Freitag	11
ка́жется	es scheint	6
как	wie	3
как всегда́	wie immer	5
как и	wie (auch)	6
как ми́нимум	mindestens	6
как нельзя́ лу́чше	es könnte nicht besser sein	5
как раз за́втра	gerade morgen	6
како́й	welcher, welche	3
како́й + Adj.	was für ein	8
как-нибудь	einmal	11
карто́фель m., карто́шка	Kartoffeln	9
ка́сса	Kasse	2
ката́ться на лы́жах	Ski fahren	8
като́к	Eislaufplatz	8
кафе́	Café	2
кварти́ра	Wohnung	11
кино(теа́тр)	Kino(gebäude)	2
кисе́ль m.	Fruchtsaftgelee	9
кита́йский	chinesisch	3
кларне́т	Klarinette	7
класс	Klasse	3
клубни́ка	Erdbeeren	10
клю́ква	Moosbeeren	9
клю́квенный морс	Moosbeerennektar	9
кни́жный	Buch-	10
кно́почный телефо́н	Tastentelefon	12
когда́	wenn, wann	7
когда́-нибудь	jemals	11
колле́га	Kollege, Kollegin	7
ко́мната	Zimmer	11
конве́рт	Kuvert	10
коне́чно	natürlich	10
консервато́рия	Konservatorium	3

коньки́, нет конько́в	Eislaufschuhe	8
копе́йка	Kopeke	10
коренно́й	alteingesessen	11
короле́ва	Königin	6
коро́ткий	kurz	11
кот	Kater	1
коча́н капу́сты	Krautkopf	10
кра́сный	rot	9
краси́вый	schön	3
крыжо́вник	Stachelbeeren	10
кры́ша	Dach	11
кто	wer (Interrogativpronomen)	1
кто́-нибудь	jemand (anybody)	11
кукуру́за	Mais	10
купи́ть v.	kaufen	11
ку́рица	Huhn	9
ку́рс	Studienjahr	3
куря́щий	Raucher	9
ку́хня	Küche	9
ла́дно	Na gut!	12
лежа́ть	liegen	8
лени́вый	faul	8
ле́то	Sommer	8
ле́том	im Sommer	8
ли	ob	12
лимо́н	Zitrone	9
литерату́ра	Literatur	9
лук	Zwiebel	10
лу́чше	besser	12
лу́чше не спра́шивай	frag lieber nicht	5
лы́жи, нет лыж	Schier	8
люби́мый	Lieblings-	11
люби́ть	gern haben, mögen, lieben	7
любо́й	beliebig	9
любова́ться	bewundern, genießen	11
лю́ди	Leute	6
магази́н	Geschäft	1
ма́ленький	klein	1
мали́на	Himbeeren	10
ма́льчик	Bub, Junge	9
ма́рка	Marke	10
матрёшка	russische Puppe	4
маши́на	Auto	10

медсестрá	Krankenschwester	4
мёд	Honig	9
меню́ n.	Speisekarte	9
мéсто	Platz	9
мéсяц	Monat	11
метрó	U-Bahn	1
минерáльная водá	Mineralwasser	9
млáдшая сестрá	jüngere Schwester	6
мнóго раз	oftmals	9
мне нрáвится	mir gefällt	7
мнóго + Gen.	viel	4
моби́льный телефóн	Handy	12
мóжет (быть)	vielleicht	9
мóжно	man darf, man kann	12
Молодéц!	Alle Achtung!	6
молодóй	jung	1
мóлодость f.	Jugend	8
молóже/млáдше	jünger als	6
молокó	Milch	9
моркóвь f.	Karotten	10
морскáя сви́нка	Meerschweinchen	4
Москвá	Moskau	3
москви́ч, москви́чка	Moskauer, Moskauerin	11
москóвский	Moskauer	3
мотоци́кл	Motorrad	8
мочь	können, nicht verhindert sein	12
муж	Ehemann	5
мужчи́на	Mann	10
музéй	Museum	1
музыкáнт	Musiker, Musikerin	7
му́зыка	Musik	7
музыкáльный	Musik-, musikalisch	
мультфи́льм	Zeichentrickfilm	8
мя́со	Fleisch	9
на + Präp.	auf die Frage wo?	3
на + Akk.	auf die Frage wohin?	3
на завтра	für morgen	12
навéрное	wahrscheinlich	6
нáдо + Inf.	müssen, benötigen	12
назáд	zurück	2
называ́ться	heißen (Dinge)	11
найти́ v.	finden	11
наказáние	Strafe	12
наконéц-то	endlich	5
налéво	nach links	2
намнóго	um vieles	6
наоборóт	im Gegenteil	10
напрáво	nach rechts	2
напрóтив + Gen.	gegenüber	2
насы́щенный	ausgefüllt	12
находи́ться	sich befinden	11
начáльная шкóла	Volksschule	11
начáльник	Chef	6
не	nicht	2
не ..., а ...	nicht ..., sondern ...	1
не нáдо + Inf. uv.	nicht brauchen, nicht sollen	12
не óчень	nicht sehr gut	5
не тóлько ..., но и ...	nicht nur ..., sondern auch ...	4
невозмóжно	unmöglich	12
недáвно	unlängst	10
недалекó от + Gen.	nicht weit, unweit	2
недóрого	nicht teuer	9
нéкогда	keine Zeit	12
немéцкий	deutsch	3
нет	nein	1
нет ни .., ни ...	weder ..., noch ...	4
нефть f.	Erdöl	4
ни рáзу	kein einziges Mal	10
никогдá не	nie	11
никтó не	niemand	11
ничегó не	nichts	11
но затó	aber dafür, stattdessen	4
новосéлье	Übersiedlung	11
нóвость f.	Nachricht	8
нóвый	neu	1
нóмер	Nummer; Hotelzimmer	1
нормáльно	In Ordnung	5
нóутбук	Notebook	10
нóчь f.	Nacht	8
нóчью	nachts	8
нрáвится	es gefällt	6
ну́жно + Inf.	müssen, benötigen	12
ну́жно, чтóбы + Prät.	es ist notwendig, daß ...	12
óба, óбе	beide	8
обещáть	versprechen	11
обнóвка	Neuanschaffung	10

обсужде́ние	Erörterung	11
о́бувь f.	Schuh(werk)	10
обща́ться	sich unterhalten	12
общежи́тие	Wohnheim	11
общи́тельный	gesellig	4
объясня́ть, объясни́ть	erklären	10
обы́чно	gewöhnlich	9
обяза́тельно	unbedingt, sicherlich	10
о́вощи	Gemüse	9
огуре́ц	Gurke	10
оде́жда	Kleidung	10
оди́ннадцатый	elfter	11
одноку́рсник, одноку́рсница	Jahrgangskollege, -in (im Studium)	9
о́зеро	See	11
окно́	Fenster	9
оконча́ние	Abschluss	11
око́нчить	abschließen	7
он	er	1
он жена́т	er ist verheiratet	8
она́	sie	1
опа́сно	gefährlich	8
о́пера	Oper	4
о́перный	Opern-	4
опя́ть	(schon) wieder	12
оре́х	Nuss	9
осо́бенно	besonders	6
особый	besonderer	9
оставля́ть	(hinter)lassen	12
остано́вка	Haltestelle	1
оста́ться v.	(übrig)bleiben	10
осторо́жно	Vorsicht!	8
о́стрый	scharf	9
осты́ть	kalt werden	9
от + Gen.	von	10
отвлека́ть	ablenken	11
отдалённый	abgelegen	11
отде́льно	getrennt	9
оте́ц, Gen. отца́	Vater	3
откры́тка	Ansichtskarte	10
отпра́вить v.	abschicken	12
официа́нт	Kellner	1
очарова́ть v.	bezaubern	11
о́чень	sehr	1
очень нра́вится	gefällt sehr gut	7
Очень прия́тно!	Sehr angenehm.	5
па́рень	Bursche	4
парк	Park	1
пельме́ни	Teigtaschen	9
пе́нсия	Pension	5
пе́рвый	erster	1
перее́хать v.	übersiedeln	11
переда́ть	mitteilen	12
переда́ча	Sendung	8
перезвони́ть v.	zurückrufen	12
переста́ть v.	aufhören	11
пе́рец	Paprika	10
пе́рсики	Pfirsiche	10
перспекти́вный	aufstrebend	11
петру́шка	Petersilie	10
печь	backen	6
пи́во	Bier	9
пиро́г	Kuchen	6
пиро́жное	Gebäck	9
пить	trinken	9
пла́вать	schwimmen	8
пло́хо	schlecht	8
по + Dat.	über, an, per	8
по вечера́м	an den Abenden	8
по выходны́м	an Wochenenden	8
по-мо́ему	meiner Meinung nach	6
побли́зости	in der Nähe	2
подари́ть v.	schenken	11
подойти́	kommen	9
подо́лгу	langmächtig	12
подро́сток	Halbwüchsige(r)	11
подру́га	Freundin	4
подходи́ть	passen	9
подъезжа́ть, подъе́хать	heranfahren	12
пожа́луйста	bitte	2
по́здно	spät	12
по́зже	später	9
познакомиться v. с кем	bekannt werden mit	5
пока́	bisher, einstweilen	5
пока́ нет	bis jetzt nicht	4
покло́нник	Verehrer	11

покупа́ть uv. купи́ть v.	kaufen	10
поку́пка	Einkauf	10
по́лкило́	halbes Kilo	10
полови́на	Hälfte	10
полтора́	eineinhalb	10
по́льзоваться	verwenden	12
помидо́р	Tomate	10
понима́ть	verstehen	11
попа́сть v.	wohin geraten	12
попуга́й	Papagei	3
посёлок	Siedlung	11
по́сле + Gen.	nach (temp.)	11
послу́шный	folgsam	11
постоя́нно	dauernd	12
посчита́ть	abrechnen	9
пото́м	danach	2
почему́	warum	8
почему́-то	warum wohl	11
по́чта	Post	10
почти́	fast	4
поэ́тому	deshalb	7
появля́ться, появи́ться	auftauchen, in Erscheinung treten	12
прав, права́, пра́вы	Recht haben	12
пра́вда	wirklich, zwar	5
пра́внучка	Urenkelin	6
пра́здновать	feiern	11
предложи́ть v.	vorschlagen	11
прекра́сно	prächtig	5
преподава́ть кому что	unterrichten	5
преступле́ние	Verbrechen	12
привезти́ v.	bringen (fahrend)	10
Приве́т!	Hallo! Grüß dich!	4
приезжа́ть uv. прие́хать v.	(an)kommen	11 11
приходи́ть, прийти́	kommen (zu Fuß)	11
прикладна́я матема́тика	angewandte Mathematik	11
приходи́ть в го́сти	zu Besuch kommen	11
принести́ v.	bringen (zu Fuß)	9
принима́ть	annehmen	9
приходи́ть uv.	kommen (zu Fuß)	12

прихо́жая	Vorzimmer	11
прия́тный	sympathisch, angenehm	1
Приятного аппетита!	Guten Appetit!	9
про́бовать	kosten, probieren	9
продава́ть uv.	verkaufen	10
продава́ться	verkauft werden	10
продви́нутый	fortschrittlich	12
проду́кты	Lebensmittel	10
пропусти́ть v.	verpassen	11
прости́ть v.	verzeihen	2
про́сто	einfach	6
просто́рный	geräumig	11
профе́ссор	Professor	1
пря́мо	geradeaus	2
пусть	soll, möge	12
пучо́к	Büschel	10
рабо́тать	arbeiten	3
рабо́тать	funktionieren	12
рабо́та	Arbeit	7
рабо́чий	Arbeits-	12
равноду́шен, -на	gleichgültig	9
рад, ра́да, ра́ды	froh	5
раз	(ein)mal	8
разделя́ть	teilen (Meinung)	11
разме́р	Größe	10
ра́зный	verschieden	11
распрода́жа	Ausverkauf	10
райо́н	Bezirk	11
ра́ньше	früher	7
распро́дан	ausverkauft	10
регуля́рно	regelmäßig	8
реди́ска	Radieschen	10
ре́дко	selten	7
ремо́нт	Reparatur	11
рестора́н	Restaurant	9
реце́пт	Rezept	9
реши́ть	lösen, klären	11
рис	Reis	9
рове́сник	Gleichaltriger	6
роди́тели	Eltern	5
роди́ться	geboren werden	11
родно́й язы́к	Muttersprache	3
ро́дом из	gebürtig aus	11

ро́лики, нет ро́ликов	Rollschuhe	8
роя́ль m.	Klavier, Flügel	6
рубль m.	Rubel	10
ру́сский	russisch, Russe	3
ры́нок	Markt	10
ры́ба	Fisch	9
рю́мка	Stamperl	9
ря́дом	daneben	2
ря́дом с + Instr.	neben	10
с + Gen.	von	10
с + Instr.	mit	8
сади́ться uv.	sich setzen	9
сам, сама́, са́ми	selbst	8
са́мое гла́вное	das Wichtigste	9
са́нки, нет са́нок	Schlitten	8
санте́хник	Installateur	1
са́хар	Zucker	9
свежевы́жатый сок	frisch gepresster Saft	9
све́жий	frisch	10
све́рху	von oben	11
све́тлый	hell	11
свёкла	Rote Rübe	10
свида́ние	Rendezvous	11
свобо́дное вре́мя	Freizeit	4
свобо́дный	frei	9
связь f.	Verbindung	12
сгущёнка	Kondensmilch	9
се́вер	Norden	11
сего́дня	heute	12
седьмо́й	siebter	7
сейча́с	jetzt	5
секрета́рь	Sekretär(in)	1
се́мечки	Sonnenblumenkerne	10
семья́	Familie	7
сестра́	Schwester	4
Сиби́рь f.	Sibirien	11
сиде́ть	sitzen	11
симпати́чный	hübsch	1
скажи́те	sagen Sie	2
ска́зка	Märchen	8
ско́лько	wie viel	6
ско́ро	bald	12
скри́пка	Geige	7
скуча́ть по + Dat.	sich sehnen nach	5
сла́дость f.	Süßigkeit	9
сладкое́жка	Naschkatze	9
сле́ва	links	2
сле́ва от	links von	10
сли́вки	Obers	9
сло́во, Pl. слова́	Wort	4
следи́ть за + Instr.	achten auf	9
слова́рь m.	Wörterbuch	10
слома́ться	kaputt gehen	8
слу́шать	horchen, zuhören	7
слы́шно	zu hören sein	11
смета́на	Sauerrahm	9
сморо́дина	Johannisbeeren	10
смотре́ть	schauen	8
смотре́ть телеви́зор	fernsehen	8
снача́ла	anfangs	11
снима́ть	mieten (Wohnung)	11
сно́ва	erneut	9
соба́ка	Hund	1
собира́ться	vorhaben	9
со́бственный	eigen	11
соверше́нно	vollkommen	12
сове́товать	(be)raten	10
совреме́нный	zeitgenössisch	7
сок	Saft	9
соля́нка	Krauteintopf	9
сообще́ние	Mitteilung	12
сосе́д, Pl. сосе́ди	Nachbar	7
сосе́дка	Nachbarin	6
сосе́дский	Nachbar-	9
спа́льня	Schlafzimmer	11
спаси́бо	danke	2
спать	schlafen	11
спеиали́ст	Fachmann	7
спорти́вный	sportlich	8
спортсме́н	Sportler	9
спорттова́ры	Sportwaren	10
спра́ва	rechts	2
спра́шивать, спроси́ть	fragen	12
сра́зу	gleich, sofort	9
Сре́дняя Азия	Mittelasien	10
стака́н	Glas	9
ста́нция метро́	Metrostation	1

стара́ться	sich bemühen	12
стари́нная му́зыка	Alte Musik	7
ста́рше	älter als	6
ста́рший брат	älterer Bruder	6
ста́рый	alt	1
стать v.	werden	11
стена́	Wand	11
сто́ить uv.	kosten	10
стол	Tisch	9
столо́вая	Esszimmer	11
стоя́нка такси́	Taxistandplatz	1
стри́жка	Haarschnitt	11
студе́нт	Student	1
су́мка	Tasche	1
суп	Suppe	9
суперма́ркет	Supermarkt	10
суро́вый	hart (Winter)	11
сухофру́кты	Trockenfrüchte	10
счёт	Rechnung	9
счита́ть	meinen	11
съесть v.	aufessen	10
сын	Sohn	3
сюда́	hierher	9
так	so	12
та́кже	außerdem, auch	10
тако́й	solcher	11
такси́ n.	Taxi	1
там	dort	2
танцева́ть	tanzen	11
теа́тр	Theater	1
телеви́зор	Fernseher	10
телефо́н	Telefon	7
тепе́рь	jetzt, nun	10
терпе́ние	Geduld	7
те́сный	eng	11
тётя	Tante	6
техни́ческий	technisch	3
ти́хий	still	11
това́р	Ware	10
тогда́	dann	9
то́же	auch, ebenfalls	1
ток-шоу	Talkshow	12
то́лько	nur	8
то́лько что	eben erst	10
тома́тный	Tomaten-	9
то́нкий	dünn	11
торго́вый	Handels-	10
торт	Torte	9
то́чно	genau	6
традицио́нный	traditionell	9
трамва́й m.	Straßenbahn	1
тре́тий, тре́тья, тре́тье	dritte(r)	3
тро́е + Gen.	drei, zu dritt	8
тролле́йбус	Obus	1
труба́	Trompete	7
тру́бка	Telefonhörer	12
туале́т	Toilette	1
туда́	dorthin	12
туре́цкий	türkisch	3
туристи́ческий	Tourismus-	3
тут	da	2
ту́фли	leichte Schuhe	10
ты́ква	Kürbis	10
тяжёлый	schwer	10
убо́рка	Aufräumen	11
уважа́ть	achten	7
увлека́ться + Instr.	sich begeistern	11
у́гол, в углу́	Ecke, Winkel	9
уда́рные - на уда́рных	Schlagzeug	7
удо́бно	praktisch	10
удово́льствие	Vergnügen	8
уе́хать v.	wegfahren	11
уже́	schon	3
уже́ нет	nicht mehr	7
уйти́ v.	weggehen	12
укло́н	Schwerpunkt, Spezialisierung	3
Украйна	Ukraine	4

украи́нский	ukrainisch	4
укро́п	Dille	10
у́лица	Straße	2
уме́ть	können, erlernt haben	8
уро́к	Lektion	1
у́тро	Morgen	8
у́тром	am Morgen	8
учени́к	Schüler	7
учёный	Wissenschaftler	4
учи́лище	Lehranstalt	3
учи́тель	Lehrer	1
учи́тельница	Lehrerin	1
учи́ть + Akk.	etwas lernen	3
учи́ться где	zur Schule gehen, studieren	3
ую́тно	gemütlich	9
фасо́ль f.	Bohnen	9
фильм у́жасов	Horrorfilm	8
фле́йта	Flöte	7
фортепья́но	Pianino, Klavier	7
францу́зский	französisch	8
фрукто́вый	Obst-	9
фру́кты	Obst	9
футбо́л	Fußball	8
хвати́ло	es reichte	7
ходи́ть	(regelmäßig) gehen, gehen können	3
ходи́ть за поку́пками	einkaufen gehen	10
холо́дный	kalt	9
хоро́ший	gut	4
хорошо́	gut	5
хоте́ть	wollen, „möchte"	9
хоте́ть, что́бы + Prät.	wollen, daß	12
худо́жественный фильм	Spielfilm	8
худо́жник	Künstler, Maler	1
ху́же	schlechter	10
цветы́	Blumen	11
цени́ть	schätzen	7
це́лый	ganz	8
центр	Zentrum	9
це́рковь f.	Kirche, orthodoxe	2
цирк	Zirkus	2
чай	Tee	9
ча́стный	privat	5
ча́сто	oft	8
ча́шка	Tasse	9
ча́ще всего́	meistens	10
челове́к	Mensch, Mann	1
чемода́н	Koffer	1
че́рез год	in einem Jahr	11
чёрный	schwarz	8
чесно́к	Knoblauch	10
четвёртый	vierter	4
чита́ть	lesen	8
что	was (Interrogativpronomen)	1
что́бы + Inf.	um zu	11
что за	was für ein	11
что-нибу́дь	(irgend)etwas	9
чуде́сно	wunderbar	5
чуть	ein bisschen	9
шампа́нское	Sekt	9
ша́рик	Luftballon	4
ша́хматы	Schachspiel	8
шашлы́к	Spieß	9
шесто́й	sechster	6
шко́ла	Schule	3
экономи́ческий	Wirtschafts-	3
эта́ж	Stockwerk	11
э́то	das ist, das sind	1
э́тот, э́та, э́то	dieser, diese, dieses	1
я́блоко	Apfel	9
я́блочный	Apfel-	9
язы́к	Sprache	3
языково́й	Sprach-	3

Vokabelliste

Abend	ве́чер	8
aber dafür, stattdessen	но зато́	4
abgelegen	отдалённый	11
ablenken	отвлека́ть	11
abrechnen	посчита́ть	9
abschicken	отпра́вить v.	12
abschließen	око́нчить	7
Abschluss	оконча́ние	11
achten	уважа́ть	7
achten auf	следи́ть за + Instr.	9
achter	восьмо́й	8
alle	все	11
Alle Achtung!	Молоде́ц!	6
alles	всё	5
alles beim Alten	всё по-ста́рому	5
alles ist nah	всё бли́зко	11
alles ist zu hören	всё слы́шно	11
alles, ganz	весь, вся, всё	11
Alpinskier	го́рные лы́жи	8
alt	ста́рый	1
Alte Musik	стари́нная му́зыка	7
alteingesessen	коренно́й	11
älter als	ста́рше	6
älterer Bruder	ста́рший брат	6
am Abend	ве́чером	8
am meisten	бо́льше всего́	7
am Morgen	у́тром	8
an den Abenden	по вечера́м	8
an Wochenenden	по выходны́м	8
Ananas	анана́с	10
anfangs	снача́ла	11
angewandte Mathematik	прикладна́я матема́тика	11
(an)kommen	приезжа́ть приéхать	11
annehmen	принима́ть	9
Anrufbeantworter	автоотве́тчик	12
anrufen, telefonieren	звони́ть кому	12
Ansichtskarte	откры́тка	10
Apfel	я́блоко	9
Apfel-	я́блочный	9
Apotheke	апте́ка	2
Arbeit	рабо́та	7
arbeiten	рабо́тать	3
Arbeits-	рабо́чий	12
Art, Aussicht	вид	8
Arzt, Ärztin	врач	1
auch, ebenfalls	то́же	1
auf dem Land	за го́родом	12
auf die Frage wo?	на + Präp.	3
auf die Frage wohin?	на + Akk.	3
aufessen	съесть v.	10
aufgeben	бро́сить v.	7
aufhören	переста́ть v.	11
Aufräumen	убо́рка	11
aufstrebend	перспекти́вный	11
auftauchen, in Erscheinung treten	появля́ться, появи́ться	12
aus	из + Gen.	9
Ausgang	вы́ход	2
ausgefüllt	насы́щенный	12
ausländisch	иностра́нный	10
außerdem, auch	та́кже	10
Ausverkauf	распрода́жа	10
ausverkauft	распро́дан	10
Auswahl	вы́бор	10
auswählen	вы́брать v.	9
auswärtig	иногоро́дний	11
Auto	маши́на	10
Autobus	авто́бус	1
backen	печь	6
Badezimmer	ва́нная	11
Baikalsee	Байка́л	11
bald	ско́ро	12
Ballerina	балери́на	1
Banane	бана́н	10
Bank	банк	9
Bank-	ба́нковский	9
Bankomat	банкома́т	2
Bar	бар	2
befreundet sein	дружи́ть с + Instr.	7
Begrüßung	Здра́вствуй! Здра́вствуйте!	5
beide	и тот и друго́й	12
beide	о́ба, о́бе	8
bekannt werden mit	знако́миться с кем	5
bekannt werden mit	познакомиться v. с кем	5
Bekannter	знако́мый	4
Bekanntschaft	знако́мство	9

beliebig	любо́й	9
beneiden	зави́довать	12
(be)raten	сове́товать	10
besetzt	за́нято	12
besonderer	особый	9
besonders	осо́бенно	6
besprechen	бесе́довать	11
besser	лу́чше	12
bestellen	зака́зывать	9
(kurz) besuchen, vorbei-schauen	заходи́ть, зайти́	10
besuchen	приходи́ть в го́сти	11
bewundern, genießen	любова́ться	11
bezaubern	очарова́ть v.	11
Bezirk	райо́н	11
Bibliothek	библиоте́ка	8
Bibliothekar(in)	библиоте́карь	3
Bier	пи́во	9
billig	дёшево	10
biologisch	биологи́ческий	8
bis jetzt nicht	пока́ нет	4
bisher, einstweilen	пока́	5
bisher	до сих по́р	12
bitte	пожа́луйста	2
(übrig)bleiben	оста́ться v.	10
Blumen	цветы́	11
Bohnen	фасо́ль f.	9
bringen (fahrend)	привезти́ v.	10
bringen (zu Fuß)	принести́ v.	9
Brombeeren	ежеви́ка	10
Bruder	брат	4
Bub, Junge	ма́льчик	9
Buch-	кни́жный	10
Bursche	па́рень	4
Büschel	пучо́к	10
Café	кафе́	2
Cello	виолонче́ль f.	7
Chef	нача́льник	6
chinesisch	кита́йский	3
Cousine	двою́родная сестра́	5
da	тут	2
Dach	кры́ша	11
danach	пото́м	2
daneben	ря́дом	2
danke	спаси́бо	2
dann	тогда́	9
das ist, das sind	э́то	1
das Wichtigste	са́мое гла́вное	9
dauernd	постоя́нно	12
den ganzen Tag	весь день	12
denken	ду́мать	6
dennoch	всё же	11
deshalb	поэ́тому	7
deutsch	неме́цкий	3
Deutschland	Герма́ния	4
die ganze Zeit	всё вре́мя	11
die Großeltern	ба́бушка с де́душкой	5
dieser, diese, dieses	э́тот, э́та, э́то	1
Dille	укро́п	10
Direktor(in)	дире́ктор	1
Dirigent(in)	дирижёр	4
Diskothek	дискоте́ка	7
doch	ведь	8
Dokumentarfilm	документа́льный фильм	8
doppelt	двойно́й	9
Dorf	дере́вня	11
dort	там	2
dort (weiter weg)	вон	2
dorthin	туда́	12
drei, zu dritt	тро́е + Gen.	8
dritte(r)	тре́тий, тре́тья, тре́тье	3
dünn	то́нкий	11
eben erst	то́лько что	10
Ecke, Winkel	у́гол, в углу́	9
Ehefrau	жена́	11
Ehemann	муж	5
eigen	со́бственный	11
ein bisschen	чуть	9
eineinhalb	полтора́	10
einfach	про́сто	6
Eingang	вход	2
Einkauf	поку́пка	10
einkaufen	делать поку́пки	10
einkaufen gehen	ходи́ть за поку́пками	10
einmal	как-нибудь	11
(ein)mal	раз	8

Eislaufplatz	като́к	8
Eislaufschuhe	коньки́, нет конько́в	8
elfter	оди́ннадцатый	11
Eltern	роди́тели	5
endlich	наконе́ц-то	5
eng	те́сный	11
England	Англия	4
englisch	англи́йский	3
Enkel	внук	6
entschuldigen Sie	извини́те	2
er	он	1
er ist verheiratet	он жена́т	8
Erdbeeren	клубни́ка	10
Erdöl	нефть f.	4
erklären	объясня́ть, объясни́ть	10
erneut	сно́ва	9
Erörterung	обсужде́ние	11
erster	пе́рвый	1
es gefällt	нра́вится	6
es gibt	есть + Nom.	3
es ist notwendig, daß ...	ну́жно, что́бы + Prät.	12
es könnte nicht besser sein	как нельзя́ лу́чше	5
es reichte	хвати́ло	7
es scheint	ка́жется	6
essen	есть	9
Esszimmer	столо́вая	11
(irgend)etwas	что-нибу́дь	9
Europa	Евро́па	9
europäisch	европе́йский	9
Fachmann	спеиали́ст	7
fahren (gerichtet)	е́хать uv.	12
Fahrrad	велосипе́д	8
Familie	семья́	7
fast	почти́	4
faul	лени́вый	8
feiern	пра́здновать	11
Fenster	окно́	9
Ferienhaus	да́ча	5
fernsehen	смотре́ть телеви́зор	8
Fernseher	телеви́зор	10
Feuerzeug	зажига́лка	10
finden	найти́ v.	11

Fisch	ры́ба	9
Flasche	буты́лка	9
Fleisch	мя́со	9
Flöte	фле́йта	7
folgsam	послу́шный	11
fortschrittlich	продви́нутый	12
frag lieber nicht	лу́чше не спра́шивай	5
Frage	вопро́с	4
fragen	спра́шивать, спроси́ть	12
französisch	францу́зский	8
Frau	же́нщина	10
frei	свобо́дный	9
Freizeit	свобо́дное вре́мя	4
Fremdsprache	иностра́нный язы́к	4
Freund	друг, Pl. друзья́	4
Freundin	подру́га	4
frisch	све́жий	10
frisch gepresster Saft	свежевы́жатый сок	9
froh	рад, ра́да, ра́ды	5
fröhlich	весёлый	4
Fruchtsaftgelee	кисе́ль m.	9
früher	ра́ньше	7
funktionieren	рабо́тать	12
für	для + Gen.	12
für morgen	на завтра	12
für, auf	за + Akk.	9
Fußball	футбо́л	8
ganz	це́лый	8
Garderobe	гардеро́б	2
Gas	газ	9
Gast	гость m.	8
Gebäck	пиро́жное	9
geben	дать, дайте!	9
geboren werden	роди́ться	11
gebraten	жа́реный	9
gebürtig aus	ро́дом из	11
Geburtstag	день рожде́ния	11
Geduld	терпе́ние	7
gefährlich	опа́сно	8
gefällt sehr gut	очень нра́вится	7
gegenseitig	взаимно	5
gegenüber	напро́тив + Gen.	2
gehen (gerichtet)	идти́ uv.	12

gehen, gehen können (ungerichtet)	ходи́ть	3
Geige	скри́пка	7
Geld	де́ньги	4
Gemüse	о́вощи	9
gemütlich	ую́тно	9
genau	то́чно	6
gerade morgen	как раз за́втра	6
geradeaus	пря́мо	2
geräumig	просто́рный	11
gern haben, mögen, lieben	люби́ть	7
Geschäft	магази́н	1
Geschmack	вкус	9
gesellig	общи́тельный	4
gestern	вчера́	8
Gesundheit	здоро́вье	9
getrennt	отде́льно	9
gewöhnlich	обы́чно	9
Glas	стака́н	9
gleich, sofort	сра́зу	9
Gleichaltriger	рове́сник	6
gleichgültig	равноду́шен, -на	9
Granatapfelsaft	грана́товый сок	9
griechisch	гре́ческий	9
groß	большо́й	1
Größe	разме́р	10
Großmutter	ба́бушка	5
Großvater	де́душка	6
grün	зелёный	9
Gurke	огуре́ц	10
gut	до́брый	11
gut	хоро́ший	4
gut	хорошо́	5
Guten Appetit!	Приятного аппетита!	9
Haarschnitt	стри́жка	11
halbes Kilo	по́лкило́	10
Halbwüchsige(r)	подро́сток	11
Hälfte	полови́на	10
Hallo! Grüß dich!	Приве́т!	4
Haltestelle	остано́вка	1
Handels-	торго́вый	10
Handy	моби́льный телефо́н	12
hart (Winter)	суро́вый	11
hängen	висе́ть	12
Haupt-	гла́вный	4
Haus-	дома́шний	12
Haus	дом	2
heiß	горя́чий	9
heißen (Dinge)	называ́ться	11
hell	све́тлый	11
heranfahren	подъезжа́ть, подъе́хать	12
heute	сего́дня	12
hier	здесь	2
hier ist, hier sind	вот	1
hierher	сюда́	9
Himbeeren	мали́на	10
hinausgehen	выходи́ть, вы́йти	12
(hinter)lassen	оставля́ть	12
Hochschule	институ́т	11
Hof	двор	11
höher	вы́ше	11
Honig	мёд	9
horchen, zuhören	слу́шать	7
Horrorfilm	фильм у́жасов	8
Hotel	гости́ница	1
hübsch	симпати́чный	1
Huhn	ку́рица	9
Hund	соба́ка	1
im Gegenteil	наоборо́т	10
im Sommer	ле́том	8
im Voraus	зара́нее	9
im Winter	зимо́й	8
immer	всегда́	10
in	в + Präp.	3
in der Nähe	побли́зости	2
in einem Jahr	че́рез год	11
In Ordnung	норма́льно	5
Installateur	санте́хник	1
interessant	интере́сный	7
Internet	интерне́т	10
Italien	Ита́лия	4
ja	да	1
ja, doch	же	7
Jahr	год, Gen. Pl. лет	6
Jahrgangskollege, -in (im Studium)	одноку́рсник, одноку́рсница	9
Jazz	джаз	7

jede Woche	ка́ждую неде́лю	10
jeden Freitag	ка́ждую пя́тницу	11
jemals	когда́-нибудь	11
jemand (anybody)	кто́-нибудь	11
jetzt	сейча́с	5
jetzt, nun	тепе́рь	10
Johannisbeeren	сморо́дина	10
Jugend	мо́лодость f.	8
jung	молодо́й	1
junge Frau	де́вушка	1
jünger als	моло́же/мла́дше	6
jüngere Schwester	мла́дшая сестра́	6
kalt	холо́дный	9
kalt werden	осты́ть	9
kaputt gehen	слома́ться	8
Karotten	морко́вь f.	10
Kartoffeln	карто́фель m., карто́шка	9
Kasse	ка́сса	2
Kater	кот	1
kaufen	покупа́ть uv., купи́ть v.	10
Kaukasus	Кавка́з	10
kein einziges Mal	ни ра́зу	10
keine mehr	бо́льше нет	4
keine Zeit	не́когда	12
Kellner	официа́нт	1
Kinder	де́ти	3
Kinder-	де́тский	3
Kindergarten	де́тский сад	3
Kinderspielplatz	де́тская площа́дка	11
Kindheit	де́тство	8
Kino(gebäude)	кино(теа́тр)	2
Kirche, orthodoxe	це́рковь f.	2
Kirschsaft	вишнёвый сок	9
Klarinette	кларне́т	7
Klasse	класс	3
Klavier, Flügel	роя́ль m.	6
Kleidung	оде́жда	10
klein	ма́ленький	1
kleines Mädchen	де́вочка	8
Knoblauch	чесно́к	10
kochen, zubereiten	гото́вить	11
Koffer	чемода́н	1
Kollege, Kollegin	колле́га	7
kommen	подойти́	9
kommen (zu Fuß)	приходи́ть, прийти́	11
kommen (zu Fuß)	приходи́ть uv.	12
Kondensmilch	сгущёнка	9
Königin	короле́ва	6
können, erlernt haben	уме́ть	8
können, nicht verhindert sein	мочь	12
Konservatorium	консервато́рия	3
Kopeke	копе́йка	10
kosten	сто́ить uv.	10
kosten, probieren	про́бовать	9
Krankenhaus	больни́ца	1
Krankenschwester	медсестра́	4
Krauteintopf	соля́нка	9
Krautkopf	коча́н капу́сты	10
Kriminalroman	детекти́в	8
Küche	ку́хня	9
Kuchen	пиро́г	6
Künstler, Maler	худо́жник	1
Kürbis	ты́ква	10
kurz	коро́ткий	11
Kurzwaren	галантере́я	10
Kuvert	конве́рт	10
lang	дли́нный	11
Langlaufskier	бегов́ые лы́жи	8
langmächtig	подо́лгу	12
laufen	бе́гать	8
leben, wohnen	жить	11
Lebensmittel	проду́кты	10
lecker, gut	вку́сно	9
Lehranstalt	учи́лище	3
Lehrer	учи́тель	1
Lehrerin	учи́тельница	1
leider	к сожале́нию	4
Lektion	уро́к	1
lernen, arbeiten (z.B. am Computer)	занима́ться	11
etwas lernen	учи́ть + Akk.	3
lesen	чита́ть	8
Leute	лю́ди	6
Lieblings-	люби́мый	11
liegen	лежа́ть	8
links	сле́ва	2
links von	сле́ва от	10

Literatur	литерату́ра	9
lösen, klären	реши́ть	11
Luftballon	ша́рик	4
Mais	кукуру́за	10
man darf, man kann	мо́жно	12
manchmal	иногда́	7
Mann	мужчи́на	10
Märchen	ска́зка	8
Marillen	абрико́сы	10
Marke	ма́рка	10
Markt	ры́нок	10
Meerschweinchen	морска́я сви́нка	4
mehr	бо́льше	7
mehr als	бо́льше чем	9
meinen	счита́ть	11
meiner Meinung nach	по-мо́ему	6
meistens	ча́ще всего́	10
Melanzani	баклажа́н	10
Mensch, Mann	челове́к	1
Metrostation	ста́нция метро́	1
mieten (Wohnung)	снима́ть	11
Milch	молоко́	9
mindestens	как ми́нимум	6
Mineralwasser	минера́льная вода́	9
mir gefällt	мне нра́вится	7
mit	с + Instr.	8
mitteilen	переда́ть	12
Mitteilung	сообще́ние	12
Mittelasien	Сре́дняя Азия	10
Monat	ме́сяц	11
Moosbeeren	клю́ква	9
Moosbeerennektar	клю́квенный морс	9
morgen	за́втра	6
Morgen	у́тро	8
Moskau	Москва́	3
Moskauer	моско́вский	3
Moskauer, Moskauerin	москви́ч, москви́чка	11
Motorrad	мотоци́кл	8
Museum	музе́й	1
Musik	му́зыка	7
Musik-, musikalisch	музыка́льный	
Musiker, Musikerin	музыка́нт	7
müssen, benötigen	на́до + Inf.	12
müssen, benötigen	ну́жно + Inf.	12
müssen, sollen	до́лжен, должна́, должны́	12
Muttersprache	родно́й язы́к	3
Na gut!	ла́дно	12
nach	в + Akk.	3
nach (temp.)	по́сле + Gen.	11
nach Hause	домо́й	10
nach links	нале́во	2
nach rechts	напра́во	2
Nachbar	сосе́д, Pl. сосе́ди	7
Nachbar-	сосе́дский	9
Nachbarin	сосе́дка	6
Nachricht	но́вость f.	8
Nacht	но́чь f.	8
nachts	но́чью	8
nahe	бли́зко	11
Naschkatze	сладкое́жка	9
natürlich	коне́чно	10
neben	ря́дом с + Instr.	10
nehmen	брать uv. взять v.	9
nein	нет	1
neu	но́вый	1
Neuanschaffung	обно́вка	10
neunter	девя́тый	9
nicht	не	2
nicht ..., sondern ...	не ..., а ...	1
nicht brauchen, nicht sollen	не на́до + Inf. uv.	12
nicht einmal	да́же не(т)	8
nicht mehr	уже́ нет	7
nicht nur ..., sondern auch ...	не то́лько ..., но и ...	4
nicht sehr gut	не о́чень	5
nicht teuer	недо́рого	9
nicht weit, unweit	недалеко́ от + Gen.	2
nichts	ничего́ не	11
nie	никогда́ не	11
niemand	никто́ не	11
noch	ещё	3
noch einmal	ещё раз	2
noch nicht	ещё не	3
Norden	се́вер	11
Notebook	но́утбук	10
Nummer; Hotelzimmer	но́мер	1
nur	то́лько	8
Nuss	оре́х	9
ob	ли	12

Obers	сли́вки	9
Obst	фру́кты	9
Obst-	фрукто́вый	9
Obus	тролле́йбус	1
oder	и́ли	1
offenbar	ви́димо	12
oft	ча́сто	8
oftmals	мно́го раз	9
ohne	без + Gen.	9
Onkel	дя́дя	6
Oper	о́пера	4
Opern-	о́перный	4
Orange	апельси́н	9
Orangen-	апельси́новый	9
Papagei	попуга́й	3
Paprika	пе́рец	10
Park	парк	1
passen	подходи́ть	9
Pension	пе́нисия	5
Petersilie	петру́шка	10
Pfirsiche	пе́рсики	10
Pianino, Klavier	фортепья́но	7
Pilz	гриб	9
Pilz-	грибно́й	9
Platz	ме́сто	9
plaudern	болта́ть	11
Post	по́чта	10
prächtig	прекра́сно	5
praktisch	удо́бно	10
Preiselbeeren	брусни́ка	9
privat	ча́стный	5
Professor	профе́ссор	1
Radieschen	реди́ска	10
Raucher	куря́щий	9
Rechnung	счёт	9
Recht haben	прав, права́, пра́вы	12
rechts	спра́ва	2
regelmäßig	регуля́рно	8
Regenschirm	зо́нтик	4
Reis	рис	9
Rendezvous	свида́ние	11
renovieren	де́лать ремо́нт	11
Reparatur	ремо́нт	11
Restaurant	рестора́н	9
Rezept	реце́пт	9
Rollschuhe	ро́лики	8
rot	кра́сный	9
Rote Rübe	свёкла	10
Rubel	рубль m.	10
rufen, herbeirufen	вы́звать v.	12
rufen, nennen	звать, зову́, зовёшь, зову́т	3
russisch, Russe	ру́сский	3
russische Puppe	матрёшка	4
Saft	сок	9
sagen Sie	скажи́те	2
Sandalen	босоно́жки	10
Sauerrahm	смета́на	9
Schachspiel	ша́хматы	8
scharf	о́стрый	9
schätzen	цени́ть	7
schauen	смотре́ть	8
Schauspielerin	актри́са	8
schenken	подари́ть v.	11
Schier	лы́жи, нет лыж	8
schlafen	спать	11
Schlafzimmer	спа́льня	11
Schlagzeug	уда́рные - на уда́рных	7
schlecht	пло́хо	8
schlechter	ху́же	10
Schlitten	са́нки, нет са́нок	8
schon	уже́	3
schön	краси́вый	3
(leichte) Schuhe	ту́фли	10
Schuh(werk)	о́бувь f.	10
Schule	шко́ла	3
Schüler	учени́к	7
schwarz	чёрный	8
schwer	тяжёлый	10
Schwerpunkt, Spezialisierung	укло́н	3
Schwester	сестра́	4
Schwimmbad	бассе́йн	2
schwimmen	пла́вать	8
sechster	шесто́й	6
See	о́зеро	11
sehen	ви́деть	3
sehr	о́чень	1
Sehr angenehm.	Очень прия́тно!	5

sein	быть	9
(wo) sein	быва́ть	11
seit langem	давно́	11
Sekretär(in)	секрета́рь	1
Sekt	шампа́нское	9
selbst	сам, сама́, са́ми	8
selten	ре́дко	7
Sendung	переда́ча	8
Sibirien	Сибирь f.	11
sich auskennen	знать толк в + Präp.	10
sich befinden	находи́ться	11
sich begeistern	увлека́ться + Instr.	11
sich bemühen	стара́ться	12
sich beschäftigen mit	занима́ться + Instr.	4
sich erfüllen	исполня́ться	6
sich sehnen nach	скуча́ть по + Dat.	5
sich setzen	сади́ться uv.	9
sich treffen	встре́титься v. встреча́ться uv.	9
sich unterhalten	обща́ться	12
sie	она́	1
siebter	седьмой	7
Siedlung	посёлок	11
sitzen	сиде́ть	11
Ski fahren	ката́ться на лы́жах	8
so	так	12
Sofa	дива́н	8
sogar	да́же	3
Sohn	сын	3
solcher	тако́й	11
soll, möge	пусть	12
Sommer	ле́то	8
Sonnenblumenkerne	се́мечки	10
sonst	а то	9
sowohl ... als auch ...	и ... и ...	3
spanisch	испа́нский	4
spät	по́здно	12
später	по́зже	9
spazieren (gehen)	гуля́ть	8
Speise, Gericht	блю́до	9
Speisekarte	меню́ n.	9
spielen	игра́ть, сыгра́ть	7
spielen (Instrument)	игра́ть на + Präp.	8
spielen (Sportart)	игра́ть в + Akk.	8
Spielen wir!	дава́й сыгра́ем	8
Spielfilm	худо́жественный фильм	8
Spieß	шашлы́к	9
Sportler	спортсме́н	9
sportlich	спорти́вный	8
Sportwaren	спорттова́ры	10
Sprach-	языково́й	3
Sprache	язы́к	3
sprechen	говори́ть	11
Stachelbeeren	крыжо́вник	10
Stadt	го́род	4
Stadt-, städtisch	городско́й	3
Stamperl	рю́мка	9
still	ти́хий	11
Stockwerk	эта́ж	11
Störung	беспоко́йство	12
Strafe	наказа́ние	12
Straße	у́лица	2
Straßenbahn	трамва́й m.	1
Stubenhocker	домосе́д	11
Student	студе́нт	1
Studienjahr	ку́рс	3
suchen	иска́ть	11
super	замеча́тельно	5
Supermarkt	суперма́ркет	10
Suppe	суп	9
Süßigkeit	сла́дость f.	9
sympathisch, angenehm	прия́тный	1
Tag	день m.	8
tagsüber	днём	8
Talkshow	ток-шоу	12
Tante	тётя	6
tanzen	танцева́ть	11
Tasche	су́мка	1
Tasse	ча́шка	9
Tastentelefon	кно́почный телефо́н	12
Taxi	такси́ n.	1
Taxistandplatz	стоя́нка такси́	1
technisch	техни́ческий	3
Tee	чай	9
Teigtaschen	пельме́ни	9
teilen (Meinung)	разделя́ть	11
Telefon	телефо́н	7
Telefonhörer	тру́бка	12
telefonisch erreichen	дозвони́ться v.	12

teuer	до́рого	10
Theater	теа́тр	1
Tier	живо́тное	4
Tisch	стол	9
Tochter	до́чка	3
Toilette	туале́т	1
Tomate	помидо́р	10
Tomaten-	тома́тный	9
Torte	торт	9
Tourismus-	туристи́ческий	3
traditionell	традицио́нный	9
Traubensaft	виногра́дный сок	9
trinken	пить	9
Trockenfrüchte	сухофру́кты	10
Trommel	бараба́н	7
Trompete	труба́	7
trotzdem	всё равно́	5
tun, machen	де́лать	8
türkisch	туре́цкий	3
U-Bahn	метро́	1
über, an, per	по + Dat.	8
überbacken	запечённый	9
überhaupt	вообще́	11
übersiedeln	перее́хать v.	11
Übersiedlung	новосе́лье	11
Ukraine	Украи́на	4
ukrainisch	украи́нский	4
um	за + Instr.	10
um die Ecke	за угло́м	2
um vieles	намно́го	6
um zu	что́бы + Inf.	11
unbedingt, sicherlich	обяза́тельно	10
und	и	1
und, aber	а	1
unlängst	неда́вно	10
unmöglich	невозмо́жно	12
Unterricht	заня́тие	12
unterrichten	преподава́ть *кому что*	5
Urenkelin	пра́внучка	6
Vater	оте́ц, Gen. отца́	3
Vegetarier/in	вегетариа́нец, -ка	9
vegetarisch	вегетариа́нский	9
Verbindung	связь f.	12
Verbrechen	преступле́ние	12
Verehrer	покло́нник	11
vergessen	забы́ть v.	10
Vergnügen	удово́льствие	8
verheiratet (Mann)	жена́т	8
verkaufen	продава́ть uv.	10
verkauft werden	продава́ться	10
verpassen	пропусти́ть v.	11
verschieden	ра́зный	11
verspätet sein	заде́рживаться	12
versprechen	обеща́ть	11
verstehen	понима́ть	11
Verwalter, Leiter	администра́тор	2
verwenden	по́льзоваться	12
verzeihen	прости́ть v.	2
viel	мно́го + Gen.	4
vielleicht	мо́жет (быть)	9
vierter	четвёртый	4
Volksschule	нача́льная шко́ла	11
vollkommen	соверше́нно	12
von	от + Gen.	10
von	с + Gen.	10
von oben	све́рху	11
vorhaben	собира́ться	9
vorschlagen	предложи́ть v.	11
Vorsicht!	осторо́жно	8
Vorzimmer	прихо́жая	11
wahrscheinlich	наве́рное	6
Walderdbeeren	земляни́ка	10
Wand	стена́	11
Ware	това́р	10
warten	ждать uv.	12
warum	почему́	8
warum wohl	почему́-то	11
was (Interrogativpronomen)	что	1
was für ein	что за	11
Wasser	вода́	9
Wassermelone	арбу́з	10
weder ..., noch ...	нет ни .., ни ...	4
wegfahren	уе́хать v.	11
weggehen	уйти́ v.	12
Weichsel	ви́шня	9
Wein	вино́	9
Weinglas, Kelch	бока́л	9
weiß	бе́лый	9
weit weg	далеко́	2
welcher, welche	како́й	3

wenn ..., dann ...	**éсли ..., то ...**	9
wenn, wann	**когда́**	7
wer (Interrogativpronomen)	**кто**	1
werden	**стать** v.	11
wie	**как**	3
wie (auch)	**как и**	6
wie immer	**как всегда́**	5
wie viel	**ско́лько**	6
(schon) wieder	**опя́ть**	12
Winter	**зима́**	8
wirklich	**действи́тельно**	12
wirklich, zwar	**пра́вда**	5
Wirtschafts-	**экономи́ческий**	3
wissen, kennen, können	**знать**	3
Wissenschaftler	**учёный**	4
wo	**где**	2
wo genau	**где и́менно**	5
Wochenende, Feiertage	**выходны́е (дни)**	12
wohin geraten	**попа́сть** v.	12
Wohnheim	**общежи́тие**	11
Wohnung	**кварти́ра**	11
wollen, „möchte"	**хоте́ть**	9
wollen, daß	**хоте́ть, что́бы** + Prät.	12
Wort	**сло́во**, Pl. **слова́**	4
Wörterbuch	**слова́рь** m.	10
wunderbar	**чуде́сно**	5
wünschen	**жела́ть**	9
zehnter	**деся́тый**	10
Zeichentrickfilm	**мультфи́льм**	8
Zeit	**вре́мя** n.	8
zeitgenössisch	**совреме́нный**	7
Zeitung	**газе́та**	10
Zentrum	**центр**	9
Zimmer	**ко́мната**	11
Zirkus	**цирк**	2
Zitrone	**лимо́н**	9
zu	**к** + Dat.	8
zu Hause	**до́ма**	4
zu hören sein	**слы́шно**	11
Zucchini	**кабачо́к**	10
züchten	**выра́щивать**	11
Zucker	**са́хар**	9
Zuckermelone	**ды́ня**	10
zugleich	**заодно́**	11
zukünftig	**бу́дущий**	11
zur Schule gehen, studieren	**учи́ться где**	3
zurück	**наза́д**	2
zurückkommen	**возвраща́ться** uv.	10
zurückrufen	**перезвони́ть** v.	12
zusammen	**вме́сте**	10
zusätzlich	**доба́вочный**	12
zweiter	**второ́й**	2
Zwiebel	**лук**	10
Zwillinge	**близнецы́**	4

Übersicht über das Kasussystem des Russischen in Mustersätzen

Nominativ	**Singular**	Это **новый чемодан** и **старая сумка**. Это **большой**[1] **кот** и **маленькая собака**. **Спасибо большое!**
	Plural	У вас еще есть **вопросы**? Это **молодые студенты**. Как **твои родители**? Как **ваши дети**? У тебя в Москве есть **друзья**? У вас есть **грузинские вина**? Это газета «Правда», а это «**Известия**»[2].

Genitiv	**Singular**	У **меня** нет ни **морской свинки**, ни **сиамского кота**. А у **моего соседа** есть. У **тебя** есть компьютер? А у **твоей сестры?** У **него** нет ни **брата** ни **сестры**. А у **его подруги?** У **нее** есть машина, а у **ее брата машины** нет. **Спокойной ночи!** **Приятного аппетита!**
	Plural	У меня в Москве много **хороших друзей!** У **нас** больше нет **вопросов!** У **наших знакомых** еще нет **детей**. У вас нет **грузинских вин**[3]? А у **ваших соседей**? У **них** нет ни **лыж**, ни **коньков**, ни **санок**[4]. В нашем городе нет **трамваев**[5].

1 **большой, новый, маленький**: Die Endungen der maskulinen Adjektiva sind unter Betonung **-ой**, unbetont **-ый** und nach **к -ий**.

2 **известие** n. Nachricht
Die Neutra haben im Nom. Pl. die Endung **-а/-я**: **вина, известия**.

3 Der Gen. Pl. der Neutra ist endungslos: **У нас нет французских вин. О нем нет известий**.

4 Der Gen. Pl. der Feminina und der Neutra ist endungslos. Manchmal kommt es zu Vokaleinschüben, weil sonst das Wort nicht auszusprechen wäre: **У меня есть санки, а у моего друга нет санок.** Auch der Nom. Sg. der Maskulina ist endungslos, auch hier kommt es zu Vokaleinschüben: **Мой отец - врач. Моему отцу сорок лет**.

5 **немцев, музеев, трамваев**: der Gen. Pl. der Maskulina auf **-й, -ц** ist in unbetonter Silbe **-ев**, unter Betonung aber **-ов**: **отцов, краёв**

Dativ	**Singular**	Сколько лет **американскому президенту**? А **английской королеве**? Сколько **ей** лет? Сколько **тебе** лет? А **твоей сестре**? А **твоему брату**? Сколько **ему** лет? Сколько лет **твоему папе**? Сколько лет **вашей дочке Марии**[6]? А **вашему** сыну Борису? Что сегодня по **телевизору**? А что нравится **твоей сестре**?
	Plural	Сколько лет **твоим родителям**? А **вашим детям**? Сколько **им** лет? **Вам** нравится рок-музыка? По **вечерам** я хожу к **друзьям**. По **субботам** папа дома. **Нам** нравится кататься на мотоцикле. **Нашим детям** нравится плавать.

Akkusativ	**Singular**	Я **тебя** люблю! Ты любишь **классическую музыку**? Я люблю **швейцарский шоколад**. Галя любит **Бориса Андреевича**. Как **тебя** зовут? **Меня** зовут Игорь. Как зовут **твоего папу**? А **твою маму**? Как зовут **вашего мужа**? А как зовут **вашу сестру**? Ира ходит в **детский сад**. Валерий Петрович любит **Сибирь**.
	Plural	Как **вас** зовут? На **какие концерты** ты ходишь? Как зовут **твоих родителей**? **Моих братьев** зовут Юра и Коля. **Наших девочек** зовут Наташа и Галя. Как зовут **ваших сестёр**?

6 Weibliche Substantiva auf **-ия** enden im Dativ auf **-ии**.

Instrumental	**Singular**	Ты занимаешься **музыкой** или **спортом**? Дайте мне шампанское с **апельсиновым соком**. Мне, пожалуйста, вино с **минеральной водой**. **Ночью**[7] мы с **мужем** играем в шахматы. А со **мной** никто не играет! Что с **тобой**? Что с **ним**? Что с **ней**? **Летом** мы **с братом** катаемся на велосипеде, а **зимой всей семьёй** ходим в походы на лыжах.
	Plural	Вам кофе со **свежими сливками**? Кто **с вами** играл в шахматы? А коньки? Что с **ними**?

Präpositiv	**Singular**	Я учусь в **Венском университете**. Она учится в **музыкальной школе**. Вера учится в **Московской консерватории**[8]. Она играет на **виолончели**. Борис Андреевич работает в **нефтяной компании.** Вы когда-нибудь были в **Сибири**?
	Plural	Ты катаешься на **горных лыжах**? В «**Известиях**» нет правды, а в «**Правде**» нет известий.

7 Ночь, виолончель sind Feminina der 3. Dekl., sie haben im Sg. eine eigene Deklination: Instr. auf -ью, die übrigen Kasus auf -и. Она играет на виолончели. У меня нет виолончели.

8 Der Präpositiv Sg. von Wörtern wie: Австрия, известие, санаторий hat die Endung -и: в Австрии, в известии, в санатории.

8. unv. Auflage 2021

ISBN 978-3-85028-548-3
SB-Nr.: 165538

Fotos am Cover: Martin Kohlbauer und Christiane Fitz
Graphik und Druck: Ferdinand Berger & Söhne GesmbH, 3580 Horn
Tel.: +43 2982 4161-341, Fax: +43 2982 4161-268
www.verlag-berger.at